AF338159

BRÉVIAIRE

DU

ASTRONOME

UTILE ET RÉCRÉATIF

AIDE-MÉMOIRE

POUR ORDONNER LES REPAS

PAR

Auteur de la CUISINIÈRE DE LA CAMPAGNE ET DE LA VILLE.

L'homme ne vit pas seulement de pain.
Deutéronome, VIII, 3.
Saint Matthieu, IV, 4.

PARIS. — AUDOT.

BRÉVIAIRE

DU

GASTRONOME

Le mot BRÉVIAIRE, du latin *Breviarium*,
signifie ABRÉGÉ.

DÉFINITION DE LA GASTRONOMIE,

PAR BRILLAT-SAVARIN.

La gastronomie est une préférence raisonnée et habituelle pour les objets qui flattent le goût.

La gastronomie est ennemie des excès; *tout homme qui s'indigère ou s'enivre court risque d'être rayé des contrôles.*

Sous quelque rapport qu'on envisage la gastronomie, elle ne mérite qu'éloge et encouragement.

Sous le rapport physique, elle est le résultat et la preuve de l'état sain et parfait des organes destinés à la digestion.

Au moral, c'est une résignation implicite aux ordres du Créateur, qui, nous ayant ordonné de manger pour vivre, nous y invite par l'appétit, nous soutient par la saveur et nous en récompense par le plaisir.

Note de l'éditeur.— Dans ces aphorismes, Brillat-Savarin a fait usage, il y a un quart de siècle, du mot *gourmandise* au lieu de celui de *gastronomie*, qu'il aurait dû employer, mais qui était alors moins en usage. Nous avons corrigé son texte et substitué le dernier mot au premier, qu'il avait employé sans réflexion. — En voici la preuve : « Gourmand, du persan *khourmand*, est défini dans les bons dictionnaires : QUI MANGE AVEC AVIDITÉ ET AVEC EXCÈS.

Gastronomie vient de deux mots grecs : *gastér*, ventre, et *nomos*, règle. Ce qui veut dire : MAXIME POUR ORDONNER LA NOURRITURE DE L'HOMME.

BRÉVIAIRE

DU

GASTRONOME

UTILE ET RÉCRÉATIF

AIDE-MÉMOIRE

POUR ORDONNER LES REPAS

PAR

L'auteur de la Cuisinière de la Campagne et de la Ville.

> L'homme ne vit pas seulement de pain.
> *Deutéronome*, VIII, 3.
> *Saint-Matthieu*, IV, 4.

PARIS

AUDOT, RUE GARANCIÈRE, 8 (SAINT-SULPICE).

On ne peut imprimer ni traduire cet ouvrage sans l'autorisation de l'éditeur.

Paris. Typographie de Henri Plon, rue Garancière, 8.

Le gastronome, pénétré de ses devoirs, aura pour première pensée, en s'éveillant, de remercier le Créateur de ses bienfaits, de l'heureuse nuit qu'il vient de passer, et des rêves agréables que lui a procurés une vie sage consacrée à de bonnes œuvres.

Il demandera son pain quotidien et dira d'avance son *benedicite*.

Le présent ouvrage étant, sous sa forme de BRÉVIAIRE, rangé selon l'ordre des mois, peut être aussi considéré comme un CALENDRIER GASTRONOMIQUE.

Nous n'y mentionnons cependant pas les ÉCLIPSES, qui n'ont pas d'influence sur la cuisine et sur la salle à manger, mais nous exposons en tête du volume un tableau des ÉPOQUES ET DES PERSONNAGES REMARQUABLES DANS LA SÉRIE DES SIÈCLES.

ÉPOQUES ET PERSONNAGES REMARQUABLES.

Formation d'ÈVE, première gastronome.

NOÉ, 2978 ans avant J.-C., invente le vin.

LUCULLUS, an 115 avant J.-C., le plus magnifique des gastronomes.

CLÉOPATRE, an 51 avant J.-C., brillante gastronome.

APICIUS, an 20 de J.-C., a le premier écrit sur l'art culinaire.

Les NOCES de CANA, an 31 de J.-C.

PROBUS, empereur romain, fait replanter dans les Gaules les vignes détruites par ordre de l'exécrable Domitien.

TAILLEVENT, an 1490, publie le premier ouvrage français sur l'art de préparer les aliments selon le luxe du temps.

LOUIS XIV, gastronome gourmand.

Dom PÉRIGNON, bénédictin, perfectionne à la fin du XVIIe siècle le vin de Champagne et le maintient dans des bouteilles solides avec bouchage particulier pour contenir sa fougue mousseuse. On a lieu de vouer d'autant plus de reconnaissance à ce pieux religieux, désintéressé dans la jouissance des gourmets, lui, austère dans ses mœurs et rigide observateur de sa règle. On peut en dire autant des chartreux et des trappistes, qui ont créé des liqueurs d'un mérite très-apprécié. La reconnaissance avait élevé un monument à la mémoire de dom Pérignon dans l'église de Hautvilliers : l'ouragan révolutionnaire ne l'a pas respecté.

Parmentier, 1787, fait comprendre l'utilité de la pomme de terre, et on en adopte l'usage.

Grimod de la Reynière, célèbre gastronome, a publié en 1803 et années suivantes un Almanach des Gourmands (le mot *gastronome* n'étant pas encore en usage) qui a donné une grande impulsion à l'art gastronomique en épurant le goût et le ramenant aux bonnes traditions après la révolution de 89.

Appert, 1810, invente l'art de conserver les substances alimentaires.

Brillat-Savarin a composé et mis au jour en 1825 la Physiologie du gout, ou méditations de gastronomie transcendante, ouvrage théorique et historique.

OUVRAGES SUR L'ART CULINAIRE

QUI ONT JOUI DU PLUS GRAND SUCCÈS DEPUIS UN SIÈCLE ENVIRON.

———

La Cuisinière bourgeoise, par Menon, première édition en 1746.

Le Cuisinier impérial, par Viart, 1806.

Les oúvrages de Carême, œuvres culinaires de premier ordre, 1828 et années suivantes.

La Cuisine classique, par Dubois et Bernard, 1856, grand et savant ouvrage, orné de nombreuses figures pour les pièces historiées et décoratives.

La Cuisinière de la campagne et de la ville, avec trois cents figures utiles, ouvrage le plus populaire du dix-neuvième siècle, première édition en 1818, quarante-quatrième édition en 1865, etc.

———

LE MAITRE ou **LA MAITRESSE DE MAISON** qui n'auront pas dédaigné d'acquérir notre petit livre, et qui joindront à cette bonne action le courage de le lire, feront bien de ne pas oublier de jeter un coup d'œil sur les articles de chaque mois, où ils trouveront ce qui concerne les produits de la saison. Ils pourraient avec cette attention profiter des occasions qui plus tard ne se retrouveraient peut-être plus. Ce sera aussi un moyen d'honorer les fêtes gastronomiques. Ils jugeront ensuite de l'utilité pour eux de consulter les listes des mets, page 54 et suivantes. Ces listes présenteront à leur mémoire une foule d'articles qui n'y seraient pas toujours venus instantanément.

BRÉVIAIRE
DU GASTRONOME

PARTIE D'AUTOMNE

OCTOBRE (vendémiaire)

MOIS DE LA VINIFICATION.

Ce mois, chez les anciens, était sous la protection du dieu MARS.

Proverbe : A la Saint-Remy, tous perdreaux sont perdrix.

———————

es almanachs commencent tous par le mois de janvier, mais l'ANNÉE GASTRONOMIQUE ne peut s'ouvrir que quand l'automne commence.

En effet, septembre participe encore de l'été, et beaucoup de choses ne sont pas arrivées à leur point. Les vacances ont dérangé tout le monde, un grand nombre de marmites sont renversées, à l'exception de celles des hôtelleries qui abritent les voyageurs.

L'été vient de s'écouler et a fait place à l'automne. Le printemps nous promet de beaux jours et de plus solides richesses que ses fleurs. L'été nous a donné ses ardeurs et ses orages; l'automne seul acquittera les promesses du printemps et réparera les outrages de l'été.

En octobre la récolte de tous les produits de la terre est terminée, et les animaux doivent à une nourriture plus substantielle une chair plus fine, plus savoureuse.

La saison chaude avait fatigué ces êtres dont l'existence viendra se terminer à notre broche ou sur nos fourneaux; d'ailleurs ceux qui, trop jeunes, n'étaient pas encore dignes d'y figurer, ont pris de l'âge et de l'ampleur. Les levrauts sont devenus des lièvres, les dindonneaux ont fait place aux dindons succulents, les poulets de grain présentent un embonpoint plus satisfaisant.

La chasse est en pleine activité, et le gibier est encore abondant, malgré un commencement de destruction.

Enfin, le poisson peut voyager et arriver sur les chemins de fer aussi vite que dans les marchés des côtes maritimes.

Les poissons de passage viennent en abondance. Le hareng, qui serait très-estimé sur les hautes tables s'il était plus cher au marché, vient partout étaler ses éclatantes escarboucles. Le merlan brille de sa riche argenture.

Nous allons énumérer plus loin le luxe gastronomique de cette saison, digne de régner toute l'année dans le pays de Cocagne.

Dans ce mois il n'y aurait que très-peu de jours à fêter pour le gastronome, à moins qu'il ne lui prît fantaisie, le 2, de célébrer, comme les juifs, le premier de leur année civile, la *fête des Trompettes* en mémoire de la création du monde, ou bien, le 16, la *fête des Tabernacles*. Il pourrait encore fêter le 7 la clôture du *Ramadhan*, chez les Turcs, qui se décarêment ce jour appelé *Beyram*.

Mais tout bon chrétien nous pardonnera cette indication profane, et fera mémoire le 9 de saint Denis, en latin *Dionysius*, apôtre des Gaules et évêque de Paris, martyrisé à Montmartre avec ses compagnons Rustique et Éleuthère.

Autrefois cette fête attirait tout Paris pour honorer le saint martyr, jouir des divertissements que procurait la foire célèbre qui s'y établissait, et manger force *talmouses* toutes chaudes, pâtisserie qui a perdu sa vogue, et dont on ne trouve plus la recette que dans la *Cuisinière de la Campagne*.

Les Parisiens pratiquaient avec d'autant

plus de zèle le pèlerinage, que dans ce temps de vinification ils étaient curieux d'aller boire du vin doux et de fêter, en cela, un peu Bacchus, qui portait aussi, comme saint Denis, le nom de *Dionysius*. Ils voyaient aussi dans les noms des compagnons de *sanctus Dionysius* celui d'*Eleuthère*, surnom de Bacchus, et dans celui de *Rustique* le nom d'une fête de Bacchus, que les Grecs célébraient en son honneur dans le temps des vendanges. On pourrait croire que l'on a voulu substituer le culte de saint Denis à celui de Bacchus.

Le 7 du mois, les gastronomes pourraient encore se souvenir que c'est dans ce jour qu'ont eu lieu les Noces de Cana, le célèbre banquet qui a inspiré le magnifique tableau de Paul Véronèse, un des plus beaux ornements du musée du Louvre.

Mais, diront les gastronomes, et surtout les gourmets*, faut-il rappeler cette idée si navrante que le vin peut venir à manquer dans une noce, et qu'il ait fallu recourir à l'eau du puits pour en fabriquer? ce vin devait pourtant offrir un bouquet vraiment

---

* Nous voudrions bien voir perdre à beaucoup de personnes l'usage inconsidéré de confondre avec le mot *gastronome* celui de *gourmet*, qui ne veut dire autre chose que « connaisseur en vins. » (Voir le *Dictionnaire de l'Académie*.)

divin, mais tant de gourmets sont incrédules en fait de provenance!

Le 18, saint Luc, le patron des peintres, nous rappelle aussi que le saint évangéliste a pris pour insigne, ou pour armoiries, l'image d'un bœuf, d'où l'on n'a pas manqué de le supposer le protecteur de cette espèce éminemment alimentaire.

Le 21, nous aurions aimé à recommander le saint de ce jour, HILARION, dont le nom se traduit par gai, joyeux, agréable, mais nous avons regret à dire que jamais pronostic ne fut appliqué plus mal qu'à cet homme si recommandable par ses vertus, car il nous semble qu'il a outre-passé celle de l'austérité.

Hilarion, retiré dès l'âge de quinze ans dans un désert, n'avait pour habitation qu'une caverne, pour lit que la terre nue ou une natte de jonc, pour habit qu'un sac et une tunique de peau.

Il vécut pendant six ans avec quinze figues par jour. Quelques lentilles trempées dans de l'eau froide furent sa nourriture les trois années suivantes; pendant trois autres, il n'usa que de pain, de sel et d'eau, ensuite que d'herbes sauvages et de racines crues. Les dernières années de sa vie, tout son boire et son manger (dit la *Vie du Saint*), par jour, ne pesait que cinq onces. Cela fut au quatrième siècle. La société de tempérance de

Londres rougirait de ses propres prodigalités comparées à la tempérance du père Hilarion.

Si parmi nos lecteurs bénévoles il se trouve quelque chaussurier, il nous reprochera de ne pas mentionner au 25 du mois les saints très-fêtés Crépin et Crépinien, martyrisés à Soissons où ils prêchaient l'Evangile. Ce sont les véritables martyrs de la chaussure.

Nous allons énumérer plus en détail les richesses de ce grand mois, qui seront aussi celles de toute la saison d'automne.

O n jouira d'abord de tout ce qui vient de la boucherie, et l'on remarquera avec satisfaction que la soupe est meilleure parce que la chair du bœuf s'est améliorée.

Le mouton est aussi plus gras, et c'est surtout en ce moment que le gastronome pourra déguster celui qui a pâturé dans les *prés salés* des bords de la mer.

C'est le temps où l'on tue le plus de cochons, parce que l'on a pu profiter de tous les fruits de la saison pour les nourrir à bouche-que-veux-tu? Aussi est-il arrivé à une qualité supérieure, et l'on s'en aperçoit surtout à la broche.

Dans la basse-cour on jouira dans sa plénitude, jusqu'au temps du carnaval, de l'excellence de la volaille pour sa tendreté et sa graisse délicate. On n'aura que le choix à faire dans les poulets de toute sorte de provenance, dans les poulardes et les chapons.

Les dindons ont quitté la dénomination de dindonneaux, pour se former une chair plus substantielle et qui délasse de la faible saveur des poulets. Les bons pères de la compagnie de Jésus ont su apprécier l'utilité de ce noble oiseau, et s'ils ne l'ont pas introduit, comme on le dit mal à propos, du moins méritent-ils toute notre estime pour l'avoir multiplié et répandu dans le monde, où chacun l'a accueilli amicalement.

Les meilleurs membres de cette estimable famille arrivent à Paris du Gâtinais et de l'Orléanais, et ces derniers sont connus à la vallée sous le nom de mangeurs de pommes.

Nous parlerons peu des pintades, à la chair délicate, mais qui ne sont pas cultivées autant qu'elles le méritent.

Le canard domestique n'est pas généralement estimé, mais il faut cependant lui rendre cette justice, que, quand il a été élevé en bon campagnard, bien nourri, soigné, et qu'il s'est baigné à plaisir dans une eau claire, il peut être présenté rôti sur une bonne table bourgeoise. Cet honneur, dit-on, est plutôt réservé à son cousin le sauvage, à qui une vie active et plus propre donne des principes plus exaltés; mais son fumet, très-pénétrant, n'est pas non plus goûté par tout le monde.

Nous dirons de cet animal nageur ce que nous avons dit du lapin domestique : assaisonnez-le, mettez-le *aux navets*, *aux olives*, *au père douillet*, et vous verrez que dans ce cas « l'habit fera le moine ». Quant à celui qui aura barboté dans la fange, faites-le jeter dans l'égout dont il sort et où il aurait dû rester.

Le chasseur apporte les lièvres, lapins et

chevreuils, les perdrix et perdreaux, ramiers et palombes, plus connus dans les Pyrénées qu'ailleurs.

Les coqs de bruyère et gelinottes trop rares, les faisans, bien moins rares depuis que les chemins de fer nous en apportent d'Écosse, de Bohème et d'ailleurs; les mauviettes, ortolans, bec-figues, rouges-gorges, sont dans leur délicatesse.

Les bécasses arrivent du Nord en novembre, et l'on en jouit environ pendant trois mois. Les bécassines passent en mars et en octobre.

Outre les canards, on jouit des oiseaux d'eau, tels que sarcelles, poules d'eau, et aussi des pluviers et vanneaux.

On aura égard à ménager avec soin l'apprêt des oiseaux que l'on ne doit pas *vider,* quand ils sont destinés à la broche, car leurs précieuses digestions sont à recueillir comme on fait de celles du grand Lama. Ce sont les bécasses et bécassines, le pluvier et le guignard, les grives, les ortolans, becs-figues, rouges-gorges. Il faut, surtout, s'entendre à ce sujet avec sa cuisinière, si elle est novice, car une que nous avons connue a mal compris la chose. — Gertrude, lui a dit madame : voilà des bécasses à mettre à la broche, vous aurez soin de ne pas les vider, à l'exception du gésier. — Ce qui fut fait très-bien. — Mais à quelque temps de là, il y eut des poulets.—La rôtisseuse berrichonne crut devoir les mettre à la broche comme les bécasses, sans les vider, en ayant bien soin de les servir chauds. On peut juger des observations faites par les maîtres. — Gertrude en fut colère comme un dindon, chose qu'elle exprimait vivement aux commères du voisinage : — Comment trouvez-vous ces chiens de bourgeois? Tantôt ils voulont de la mard** et tantôt ils n'en voulont point!

Il est important de mentionner encore les grives, si communes en ce temps. (Voir la *Cuisinière de la campagne* pour leur vidange.) Leur émigration les emmène, vers les vendanges, des parties septentrionnales de l'Europe, où elles ont fait et élevé leurs petits. Elles se réfugient principalement dans les bruyères de la Bretagne, et bientôt elles se répandent dans les diverses parties de la France, qu'elles quittent au printemps pour retourner dans leur climat favori.

Ne pas confondre la grive au gilet blanc tacheté de brun avec le merle, bavard, habillé de noir et portant un bec jaune.

Les eaux douces vous donnent en bon état les anguilles, brochets, carpes, et encore des écrevisses. Il y a des gastronomes qui préfèrent l'éperlan en octobre, quoique, en réalité, son meilleur état soit lorsqu'il arrive de la mer pour frayer dans les fleuves, ce qui a lieu vers février-mars.

La marée fraîche éblouit par sa splendeur. Le populaire hareng, le léger merlan sont dans leur prospérité, comme nous l'avons dit plus haut, ainsi que les soles et les limandes.

Dans cette saison, comme dans celle d'hiver, on apprécie les poissons de haute cuisine, bar, rouget, surmulet, turbot, mulet, grondin, églefin, la raie, toujours bien reçue dans les ménages;

La langouste, qui a sur nos marchés remplacé le homard.

Les moules sont dans leur meilleure saison, ainsi que les huîtres, dont nous allons ci-après parler plus longuement.

En entremets de légumes on a encore des artichauts, quelques haricots blancs et verts, même des pois, le tout s'il n'a pas gelé. On a aussi de nouveaux épinards, des choux-fleurs, choux, choux de Bruxelles, navets, carottes, oseille, la laitue-crêpe, la laitue-romaine rouge d'hiver; chicorée, escarole, céleri; la mâche commence et fait une salade bien douce avec la betterave de Bassano, la meilleure de toutes. Les tomates cueillies peu mûres avant la gelée sont conservées sur la paille, où elles rougissent et mûrissent jusqu'en novembre et décembre.

Les pommes de terre ont acquis leur qualité farineuse. Les cardons viennent nous donner un plat pour les bonnes tables, et l'on jouit en ce temps des épinards qui font défaut une partie de l'année.

La saison du triomphe des truffes commence.

Le gastronome qui a un jardin aura fait cueillir les fruits en temps sec, un à un, sans les froisser. On les porte dans une salle aérée et non humide, pour qu'ils sèchent avant de les mettre à demeure dans le fruitier ainsi que le raisin, après avoir suivi les conseils de la *Cuisinière de la campagne.*

On aura saisi le moment de la maturité des fruits pour faire des gelées de pommes et de coings.

On fait déjà et jusqu'en mars des gelées d'entremets sans employer de glace.

Les DESSERTS offrent des richesses dans l'abondance et la maturité, de bonnes poires fondantes et des raisins, dont il serait trop long de donner la nomenclature, qui d'ailleurs servirait peu, puisque l'on ne peut s'approvisionner que de ce qui se trouve au marché ou dans son jardin.

Si octobre est chaud, on a des figues de seconde récolte, puis viennent les marrons et les châtaignes, les noix et les noisettes ; les coings servent pour certaines compotes et pour faire du cotignac. On ne trouve la recette pour faire le véritable cotignac que dans la *Cuisinière,* les autres étant fausses et ne produisant pas une pâte consistante.

C'est la grande saison des compotes de poires, de pommes et des marmelades.

On commence à faire des fromages mousseux à la crème sans employer de la glace ou de la colle de poisson, et cela jusqu'en février ou mars. (Voir toujours la *Cuisinière de la campagne*, les autres ouvrages conseillant toùs d'employer la glace.)

NOTES

sur plusieurs produits intéressants de la mer.

Notre zèle pour la gastronomie nous a porté à étudier en particulier ce qui concerne les produits de la mer dans leur rapport avec nos tables.

Pour parvenir à donner les renseignements les plus certains, nous avons eu recours aux praticiens les plus experts et les plus habitués des marchés de la capitale.

Le mois d'octobre étant celui où ces produits sont le plus abondants, il nous a semblé que c'était ici la place où il était le plus intéressant de rassembler et mettre en évidence les notes que nous avons rassemblées sur ce sujet.

Les indications que contient cet ouvrage sur la présence des poissons de mer dans les marchés sont données au point de vue de ceux de Paris. En effet, on peut dire que Paris est le centre des arrivages de poissons de l'Océan, car de là, au moyen des chemins de fer, ils sont dirigés sur toutes les villes, non-seulement de France, mais encore de l'étranger. Nous avons vu la maison Carnet et Saucier expédier à Berlin des merlans qui

aturellement ne connaissent pas les côtes
russiennes.

En général, c'est, pour une bonne partie,
ers le printemps que les poissons obéissent
l'impulsion de la nature qui les porte à se
ultiplier. Pendant l'hiver ils recherchent les
andes eaux et se tiennent au fond.

Le **Saumon**, ce prince de la mer, y trouve
n existence normale, mais il ne renouvelle
n espèce qu'en remontant à l'automne dans
s fleuves. Les jeunes qui en résultent par-
nt dès le commencement de l'été pour se
ndre dans la mer profonde où ils se forti-
ent. Ainsi ils naissent dans l'eau douce et
oissent dans la mer.

En France, quelques mois après leur ar-
vée, les femelles déposent leurs œufs sur les
bles du bord, et les mâles se pressent de les
conder, acte qui produirait bien des fritures,
ar chaque femelle, quand elle pèse dix kilo-
rammes, n'en produit pas moins de vingt
ille; mais les autres poissons et les inonda-
ons, nos ennemis sous ce rapport, ne nous
issent qu'un petit nombre de saumons, qui,
rsqu'ils ont acquis quinze centimètres de
ng, se hâtent de gagner la mer pour ne
evenir que trois ou quatre ans après, quand
s seront devenus aptes à se reproduire.

Les saumons retournent à la mer au commencement de l'été.

Dans le nord de l'Europe ils abondent tel-

lement, qu'ils forment une partie de la nourriture du peuple.

Il s'en faut de beaucoup que les gastronomes
de France jouissent de ce bonheur.

C'est donc avant le frai qu'il faut aller à
la halle jouir de la vue de tous ces saumons
qui semblent chacun une boutique d'orfévrerie.
Là, on les verra dans toute leur fraîcheur et
leur embonpoint.

On vend sur les marchés, sous le nom de
Bécard, un saumon dont le museau est re-
courbé. Les naturalistes l'indiquent comme
étant le mâle de l'espèce, et en effet on n'y
voit jamais que de la laite. Quoi qu'il en soit,
ce bécard n'est pas aussi estimé pour sa qualité que le saumon à museau droit. En novembre et décembre sa chair est blanche et
jaune, et ne ressemble plus par la couleur
au saumon.

Une ordonnance prohibe en France la pêche
du saumon depuis le 15 octobre jusqu'à la fin
de janvier, temps du frai, afin de ne pas nuire
à sa propagation. Il s'en trouve cependant encore quelques-uns sur les marchés qui proviennent des pays étrangers, mais en petit nombre, ce qui les fait porter à un prix excessif.

Le saumon, d'ailleurs, est toujours assez
cher, parce qu'il se garde plusieurs jours et
que les marchands ne sont pas obligés de s'en
défaire à heure fixe.

Le saumon a toutes ses qualités depuis fé-

lier jusqu'en juillet. Alors on ne lui trouve
point d'œufs ni de laite.

On en vend de salés, que l'on emploie comme
morue, et de fumés, qui offrent un hors-
œuvre délicat pour les déjeuners; on lui
fait voir un moment le feu, découpé par
tranches.

La mer nous donne aussi la TRUITE SAU-
MONÉE, qui parvient à une moindre grosseur
qui habite aussi la mer en remontant les
rivières comme les saumons. Ce poisson est
aussi excellent et prend plus ou moins la couleur *saumonée* suivant l'eau où il vit. On
fait bien le reconnaître par les taches noires
qu'il porte sur ses flancs.

Au mois d'avril, nous donnerons les détails
nécessaires sur les truites d'eau douce.

Le THON est un fort gros poisson qui habite la Méditerranée, d'où il ne sort jamais.
Il se tient dans l'hiver au fond des eaux et
ne remonte que vers le mois de mars, où l'on
peut se livrer à sa pêche jusqu'en juillet. On
dit que pour en manger dans son état de
fraîcheur il faut se trouver près de la mer,
autrement on ne le connaît que confit dans
l'huile. Cependant, la température de mars
étant froide, on en a vu arriver à Paris d'assez
frais. Sa chair étant fraîche ressemble à celle
du veau, et passe pour être indigeste.

L'ESTURGEON est célèbre pour sa grosseur,
aussi ne paraît-il entier que sur des tables

princières ; mais on vend par portions sa chair, qui est de différentes qualités selon les parties de son individu, ressemblant d'un côté à celle du veau et de l'autre à celle du bœuf. Aussi les met-on à la broche après les avoir fait mariner, puis en fricandeau, en hochepot, aux navets. On le sert aussi à la manière du saumon. Ce monstre marin, qui n'est pas du goût de tout le monde, fournit le caviar et la colle de poisson. On le pêche dans la mer, dans les lacs et dans les fleuves qui s'y déchargent, surtout dans les parties nord de l'Europe.

Le Turbot, *faisan de la mer*, est le roi du carême, comme la morue en est l'aliment. Il forme un relevé des plus recherchés et tient même la place d'un rôt en maigre. Les marchés en sont fournis tous les mois, excepté dans ceux d'août, septembre et octobre, où d'ailleurs il est maigre, triste recommandation même pour les jours d'austérité.

La Barbue, un peu la parente du turbot, renchérit encore sur ses qualités et a mérité qu'on dise d'elle qu'elle est le lait de Thétis et la crème de la mer. Comme le turbot, elle a ses mois de maigreur, qui sont depuis juin ou juillet jusqu'en octobre.

Le Bar est un poisson auquel on ne peut reprocher qu'une chose, c'est d'avoir mérité d'être nommé aussi *loup* à cause de sa voracité. Cela n'a pas empêché les anciens Romains de

ire des folies pour le voir trôner sur leurs
bles, surtout quand il avait deux mètres de
ngueur. Son excellence le fait préférer de
aucoup au cabillaud, avec lequel il n'a que
s rapports de forme. Il abonde surtout dans
s mois d'avril, mai, juin, juillet, octobre
novembre. Dans les autres mois il vient
régulièrement sur nos halles. Mais il est
ujours bon, s'il ne fait pas trop chaud.
Nous parlerons de l'ALOSE dans le mois
avril, qui est celui où elle vient briller de
ut son éclat et nous faire jouir de ses bonnes
ialités.

Le CONGRE, dit aussi ANGUILLE DE MER,
t assez commun toute l'année, excepté vers
mois d'octobre. Il est d'une grande res-
urce dans les ménages, surtout par cette
ison que, semblable en cela à la raie, il se
nserve assez bien. On l'emploie de différentes
anières usitées pour plusieurs poissons,
ême en matelote. Sa chair est très-nourris-
nte.

La SOLE est à préférer dans les mois de
nvier à mai, puis en novembre et décem-
e. En général c'est un poisson de ressource
dont l'usage est bien connu.

La LIMANDE est aussi plus digne du choix
s gastronomes, dans les mêmes mois que
sole. Sa chair est fine et délicate, mais elle
fre moins de ressource que la sole parce
'elle est de trop petite proportion, et ne

convient guère, le plus souvent, qu'en friture.

Le CARRELET et la PLIE sont peu délicats. On en fait cependant un assez bon usage ménager.

La pêche et le commerce de la MORUE sont aujourd'hui l'une des sources de la prospérité et de la puissance navale des empires. Elle occupe plus de quarante mille matelots. On en consomme en Espagne dans le carême plus que dans tous les autres États de l'Europe. C'est le plus goulu des poissons, et on le prend avec des débris de son espèce pour appât.

On sait que c'est le CABILLAUD que l'on ouvre en deux, pour en étaler les deux flancs, et que l'on sale pour être envoyé dans des tonneaux sous le nom de *morue*. Aussi nomme-t-on souvent le cabillaud MORUE FRAÎCHE. Il est rare en janvier et février, mais toujours très-utile.

L'EGLEFIN a des qualités semblables à celles du cabillaud et beaucoup de ressemblance par sa forme. On dit que, si sa chair est des plus agréables, il est, lui, le poisson le plus vorace. On ne doit pas compter sur sa présence depuis juin jusqu'en septembre.

On a la RAIE toute l'année, et elle est très-utile dans les mois d'été, parce qu'elle craint moins la dissolution que cause la chaleur, mais elle a cependant moins de qualités dans ces mois.

La DORADE, *spare-dorade*, est un poisson

l, par sa délicatesse relevée d'une haute et
s-agréable saveur, a conservé une réputa-
n qui remonte à une assez haute antiquité.
)endant il était si peu commun à Paris,
aucun ouvrage de cuisine n'en parle. Les
emins de fer nous l'amènent; car il meurt
ssitôt sorti de l'eau et doit être transporté
c rapidité. Il fraye au printemps à l'em-
chure des rivières, et l'on en pêche beau-
ıp; mais peu en hiver, parce qu'il se tient
fond de l'eau. Son habit est brocardé d'or
l'argent. Il arrive à un mètre de longueur.
en jouit au marché depuis avril jusqu'en
ıt. Dans les autres mois il en vient, mais
égulièrement.

Le **MULET**, ou barbet-surmulet, n'est pas
ssi gros que le bar. Il a une chair très-
ıne, mais il varie en qualité selon les côtes
on le pêche. Cependant il est considéré
nme inférieur au *bar*.

C'est à ce poisson que se rapporte l'anec-
e suivante :

« Peu de jours après l'arrivée de Tibère à
pri, comme il cherchait la solitude, un
heur lui apporta à l'improviste un grand
mulet. Tibère, effrayé de la hardiesse de
pêcheur, qui était venu le trouver par
derrière de l'île, en grimpant sur des ro-
ers escarpés, ordonna qu'on lui frottât le
age avec son poisson. Le patient se félici-
ıt alors de ne lui avoir pas offert un très-

grand homard qu'il avait pris, il lui fit déchirer la figure avec le piquant de ce crustacé. »

Le GRONDIN, Rouget-Grondin, est un de ces poissons que l'on appelle rougets à cause de leur couleur. Celui-ci se distingue par sa grosseur et par une tête monstrueuse qui le fait ressembler au dauphin de la fable et des ornements artistiques. C'est un beau et bon poisson qui a peu d'arètes, et dont on apporte pendant tous les mois de l'année, excepté ceux dont la chaleur le priverait de sa fraîcheur.

Le ROUGET-BARBET, Mule ou Mulet-Barbet, ne se fait pas remarquer par sa grosseur, car il n'a que vingt à vint-cinq centimètres, mais c'est un excellent poisson, à chair blanche et de bon goût, quoique cependant sa qualité n'égale pas celle du rouget de la Méditerranée.

On le reconnaît au milieu de tous les poissons rouges à sa couleur d'un rouge rosé.

Le cuisinier l'accommode comme la bécasse, il ne le vide pas, il retire seulement ses ouïes et il l'écaille avec précaution, le lave, l'essuie, le met mariner une heure avec un peu de sel, de gros poivre et d'huile. Il le pose, une demi-heure avant de servir, sur une feuille de papier placée sur un gril huilé aussi. Au bout d'un quart d'heure, il le retourne en le posant sur un autre papier, s'il est en mauvais état, et le sert sur une bonne maître d'hôtel.

Il en est du Hareng comme de la morue,
i fait vivre des millions d'individus. Celui-
a fait la fortune de la Hollande et la gloire
pêcheur de ce pays qui a trouvé le moyen
l'encaquer, de le saler, de le conserver.
eppe réclame celle d'avoir appris à le saurer
fumer. Aucun autre poisson ne voyage en
is grand nombre. Dans la Baltique seule,
pêche plus de quatre cents millions de ces
issons. La grande pêche commence en juin
qu'en janvier. C'est au temps où il est rempli
œufs ou de laitance que l'on en fait un grand
age, et ce n'est que vers la mi-septembre
'il atteint toute sa perfection. Quand il n'a
is ni œufs ni laitance on l'abandonne, ce
i a lieu à la fin de l'année.
Le Merlan pourrait être envoyé toute l'an-
e sur nos marchés, car il ne s'éloigne
ère des rivages; mais c'est particulièrement
rès la ponte des harengs, dont le merlàn
vore le frai, que ce poisson est le plus gras
le plus recherché. D'où il résulte que
bonnes qualités du merlan lui viennent
and le hareng va partir.
La Sardine, dont la pêche a lieu sur nos
tes, dans une étendue de quatre-vingts lieues
l'ancienne province de Bretagne, donne six
nts millions de ces petits poissons, depuis le
ois de juin jusqu'en décembre. Bientôt après
disparaissent, vont on ne sait où, puis re-
ennent fort chétifs, s'engraissent, prennent

du corps, puis ils se laissent pêcher, et s'en retournent pour revenir de nouveau. Neuf mille personnes sont occupées pendant l'hiver à fabriquer les filets qui doivent servir à une pêche aussi miraculeuse, dont le produit est de plus de quatre millions de francs.

Les gastronomes qui ont donné à l'esturgeon le nom de roi de la mer, et au saumon celui de prince, ont élevé le HOMARD au rang de cardinal. Ce crustacé est modeste cependant, et se tient constamment au fond des eaux, sous un costume de couleur noirâtre; le cuisinier seulement le revêt de la pourpre romaine.

Les naturalistes, qui ne reconnaissent pas en lui cette haute dignité, ne lui accordent que la qualification d'écrevisse gigantesque destinée à habiter les mers. Pour eux c'est l'*écrevisse homard*. Ils ont vu que, dans les eaux salées comme dans nos eaux douces, l'écrevisse et le homard ont les mêmes formes et les mêmes mœurs. L'observation leur a fait reconnaître encore que les mâles et les femelles se témoignent leur passion tout aussi bien que l'espèce humaine, sans que le fond des eaux refroidisse en rien leurs tendres sentiments.

Par une dissection savante on distingue le mâle de la femelle, mais au marché on ne s'y connaît que quand il y a des œufs.

Autrefois on ne voyait presque que des

mards sur les marchés de Paris, où ils y
juraient très-bien avec leurs grosses pattes.
ors ce *cardinal* jouissait tranquillement de
n règne quand sa parente la LANGOUSTE
t venue peu à peu s'introduire sur nos ta-
es, où l'on a reconnu que si elle n'était pas
née des larges et fastueuses serres de son
usin, elle présentait intérieurement une
ondance intéressante de chair qui, de plus,
été trouvée plus fine au goût. Peu à peu,
aris n'a plus recherché que les langoustes, et
seigneur homard est resté près des pêcheurs,
ii n'en ont plus guère envoyé.
Cependant si l'on pouvait se procurer de
ès-petits homards, on en ferait encore de
perbes buissons *ardents* pour orner les ta-
es somptueuses et surtout les ambigus.
Les langoustes portent leurs œufs de mai
août, ensuite celles qui les ont portés de-
ennent maigres, et alors on préfère les mâles,
ii sont plus en chair et plus lourds, tandis
ie les femelles vont se refaire dans la mer.
nsi on voit que c'est au poids que l'on re-
nnaît les meilleurs de ces individus, soit
mards, soit langoustes.
Présentement, ces fruits des eaux arrivent
omptement par voies ferrées, et ils sont vi-
nts. Autrefois, on ne les envoyait qu'en état
cuisson, et quelquefois on les y soumettait
ux et trois fois, pour les conserver; aussi re-
nnaissait-on cet état à leur légèreté. Il est

donc d'une bonne prévoyance de les acheter, autant que possible, vivants, de les faire cuire avec les assaisonnements que nous avons indiqués, ce qui leur donne un goût fort agréable, à moins que l'on ne préfère l'eau de sel qui laisse à leur chair la saveur naturelle.

Pour reconnaître leur fraîcheur flairez-les sur le dos, entre la queue et le corsage. Puis tirez-les par le bout de la queue. Si elle ne s'étend pas facilement et qu'elle revienne sur elle-même, c'est une preuve de fraîcheur. En tout cas, ne cherchez guère à en faire usage dans les mois de juillet, août, septembre, où leur qualité est moindre. En janvier et en février, le homard et la langouste sont rares à Paris.

Les CREVETTES, qui figurent par leur aspect riant sur les coquilles ou hors-d'œuvre de table, forment pour le déjeuner un riche plat toujours complet, toujours bien accueilli. Cette miniature de homard, ou plutôt de langouste, se nomme à Nantes CHEVRETTE et à Dieppe SALICOQUE. On est encore heureux quand, ne trouvant pas au marché l'opulente crevette rouge, on peut se procurer la petite crevette grise, que l'on désigne par le nom de BOUQUET, sans doute parce qu'elle est, malgré sa modeste apparence, toujours en bonne odeur auprès de l'amateur et remarquable par son bas prix. Néanmoins les

archandes de Paris nomment souvent bou-
1ets les crevettes rouges.

Ce crustacé est très-commun sur les côtes
Angleterre.

Nous renvoyons au mois d'août pour don-
er des détails sur l'*écrevisse d'eau douce*.

L'article où l'on traitera des *poissons d'eau
uce* et des matelotes est placé dans la PAR-
E D'HIVER, *mois de mars*, où se pratique le
rême et où l'on approche de l'ouverture
la pêche fluviale.

SUR LES HUITRES.

Malgré le proverbe qui nous assure que les huîtres sont bonnes dans tous les mois dont les noms renferment la lettre R, nous ne conseillerons à personne d'en manger en septembre; elles n'y sont ni assez fraîches, ni assez grasses pour réveiller la sensualité d'un gastronome délicat.

C'est en octobre seulement que l'on doit commencer à les déguster, et encore grâce aux chemins de fer qui nous les apportent assez fraîches.

Avant de les ouvrir, nous rappellerons quelques faits sur leur histoire.

Pline recommande à nos sentiments de reconnaissance un Romain nommé Sergius Orata comme ayant eu le premier l'idée de les *parquer* afin d'adoucir l'âcreté que leur donnait l'eau de la pleine mer. C'était à Baïa*, lieu de délices, que cet opulent Romain réunissait des amis de choix, dont le gosier

---

* Lieu voisin du lac Lucrin, dont les huîtres sont fameuses dans l'histoire. Les touristes qui visiteront Naples pourront, comme nous l'avons fait nous-même, s'assurer qu'elles y sont encore et qu'elles ont conservé leur excellence. Elles ont beaucoup de rapport avec les huîtres de Marennes.

chacun en engloutissait plusieurs milliers.

Notons, tout bas, que, las et non rassasiés, passaient dans un cabinet *ad hoc* où ils excitaient à refaire de la place pour conti- ner leur jouissance excentrique. Nous ajou- ns avec regret que les plus aimables Romai- es de Baïa ne dédaignaient pas d'employer procédé, mais qu'elles se servaient délica- ment, pour remplir le même but, d'une ume précieuse de paon ou autre oiseau ire!! D'autres *ostreaphages*[*] romains consom- aient ce mollusque avec la même passion. itellius en mangeait quatre fois par jour.

Sénèque lui-même, célèbre millionnaire, ui vante si admirablement les charmes de pauvreté, en consommait quelques cen- ines de douzaines par semaine.....

« Huître chère au gourmand, s'écrie-t-il, ui excites au lieu de rassasier, qui jamais ne s de mal à personne, tout estomac te digère et rend avec facilité! »

Cicéron ne craint pas d'avouer qu'il aimait vec prédilection ce coquillage.

Horace vante à chaque instant son goût our l'*ostrea*.

La mode existait, il n'y a pas encore lon- ues années, parmi les amateurs d'*avaler* les uîtres par centaines, toutes vivantes, sans eur faire la moindre blessure avec leurs

---

[*] Ce mot veut dire mangeur d'huîtres.

dents : c'était rappeler la gloutonnerie romaine.

A présent, nous mettons plus de délicatesse dans nos goûts, et notre palais a le temps de jouir de ce que nous livrons à sa sensualité.

Mais jusqu'à quel point les amis de l'excellent mollusque en jouissent-ils?

Autrefois, nous avons vu choisir les petites et les moyennes comme les plus tendres et les plus délicates; à présent on entend commander ainsi « les plus grosses ».

Ces plus grosses, quand elles sont grasses et fraîches, ont encore un certain mérite, mais quelle bouche il faut avoir pour les loger, les diviser et les avaler! Nous avouerons, nous, sans vouloir la faire trop petite, que nous sommes obligé de couper l'huître en deux en la partageant sur deux coquilles, car un tel gros mollusque embarrasse et ne permet pas au palais et à la langue de savourer cette masse marine.

Pourtant, les délicats font preuve de meilleur goût en recherchant, depuis vingt ou trente ans, et tous les jours de plus en plus, l'huître anglaise parquée à Ostende et qui porte ce dernier nom en France, tandis que dans toute la Belgique, et à Ostende même, on la désigne par son vrai nom d'*huître anglaise.*

Aussi les huîtriers d'Ostende, qui nous l'enient, profitent-ils d'une vente certaine pour dépêcher de les parquer et de nous les en-yer plus jeunes et conséquemment de plus tite proportion, en diminuant chaque née la petitesse des barils qui en contien-nt cent.

Mais un fait trop peu connu, c'est que nkerque, ville française, voisine d'Os-de, ville belge, fait venir comme Ostende s huitres anglaises; qu'elle les parque tout ssi bien qu'Ostende, et qu'elle en fournit volonté de toute grandeur, selon le prix 'on y veut mettre. Nous savons même posi-ement qu'on les vend sous le nom d'Os-de, afin de supplanter par un produit ligène un produit étranger.

Nous ne nous faisons aucun scrupule de rler ainsi, au détriment de la ville belge, r la douane étrangère taxe bien injustement ntrée des huîtres françaises à dix francs ur mille huîtres, tandis que les ostendes ne yent qu'un franc cinquante centimes le lle en entrant en France.

Il ne se pêche pas une seule huître à Os-de, car il n'en existe de bancs dans aucune rtie de la Belgique ; elles viennent toutes, mme celles parquées à Dunkerque, des tes anglaises, des comtés de Kent et d'Es-x. Celles-ci surtout ont leur manteau teinté vert, qualité recherchée. Leur nom véri-ble est celui de *huître native verte anglaise.*

Maintenant comment faut-il définir la différence de qualité entre cette espèce, parquée à Dunkerque, et l'huître ordinaire des côtes de France, de Cancale, d'Etretat?

La dunkerque (dite ostende si on veut) peut se comparer au délicat éperlan, et la cancale ou étretat au cabillaud ou bien au congre (anguille de mer). Dunkerque fond dans la bouche, cancale est souvent coriace. Celle-ci est aussi beaucoup trop souvent atteinte de maigreur.

Si on vous apporte cent huîtres cancale, ce cent pèsera quinze kilogrammes. S'il vous arrive cent dunkerque, de la grosse espèce dite *impériale,* ou même des moyennes, elles ne pèseront que quatre ou cinq kilogrammes.

Et si vous pesez seulement l'huître sans sa coquille, vous aurez poids égal en comestible!

Cela vient de ce que l'une, anglaise, parquée à Dunkerque, est d'une nature plus délicate et plus susceptible de s'engraisser dans le parc, si on peut appeler cet embonpoint graisse.

L'espèce, en effet, ne peut être confondue avec la cancale. Celle-ci est renfermée dans une lourde coquille qui ressemble à de la maçonnerie, tandis que l'anglaise se distingue par sa coquille mince et translucide dont la nacre intérieure, brillante, ne présente pas dans son milieu, comme l'huître blanche

nmune, une grande plaque calcaire, lai-
se, indice d'une médiocre qualité.

Par la finesse de sa nacre et la dureté de
coquille, l'Huître NATIVE VERTE ANGLAISE
pporte mieux le froid, même la gelée, que
ite autre sorte; elle conserve plus long-
nps dans ses valves l'eau de mer nécessaire
a nourriture; par suite elle vit plus long-
nps, se tient fraîche et peut être trans-
rtée par chemin de fer et bateau à va-
ır à de très-grandes distances.

Nous en avons entamé un baril le 28 jan-
r; la dernière a été dégustée le 13 février:
al dix-sept jours, sans compter celui de
ite; cette dernière était d'aussi bonne qua-
é que la première; elle avait perdu de son
ı, mais elle vivait, ouvrait et fermait sa
quille. (Thermomètre de — 2° à + 8°). La
ıme expérience répétée quinze jours après,
ırmomètre plus élevé, a produit les mêmes
ıultats. Des huîtres d'Etretat n'ont duré
e six jours.

En général, de quelque côte de France que
us viennent les huîtres, remarquez la na-
re de la coquille, et toutes les fois que vous
verrez mince et fine ayez confiance.

Nous avons dit dans notre CUISINIÈRE que
n doit, pour jouir de leur fraîcheur, surtout
on craint qu'elles n'attendent, ne fût-ce
'un quart d'heure, les ouvrir, détacher
ıement le nerf *de dessus* et les recouvrir

de leurs coquilles. Il ne reste alors aux convives qu'à enlever la coquille de dessus et à couper le nerf de dessous avec la petite fourchette à huîtres.

Les Flamands ne servent jamais d'huîtres fraîches sur la table sans les accompagner d'assiettes portant un bon nombre de tartines beurrées faites ainsi : on entame un pain rond de ménage où entre un peu de seigle, on beurre le dessus de la mie que présente cette grande surface de pain, on tranche dans toute sa longueur une grande tartine très-mince, on la partage en deux et on recouvre une moitié par l'autre; on divise ensuite ces deux tartines superposées en petites tartines longues comme le doigt et larges comme deux (doigt masculin).

On les dresse sur des assiettes en les croisant comme des biscuits, et l'on présente sur une autre assiette des moitiés de citron dont on a enlevé les pepins. On doit avoir aussi du poivre mignonnette dans de petites poivrières. Mais les vrais amateurs ne se servent guère de poivre ni de citron, qui dénaturent l'huître. La tartine beurrée est seule tolérée par eux.

Les huîtres son indispensablement accompagnées de vin blanc, chablis, arbois ou autre bonne qualité, même du grave ou du rhin, mais on ne peut après ces vins passer à du vin d'ordinaire, qui vient après le potage.

faut donc un vin fin dès ce moment, et
en résulte une dépense importante, toutes
, fois que l'on veut faire usage à dîner de
coquillage. En outre, l'huître nourrit et
ive d'une partie importante de l'appétit
cessaire pour faire honneur à un dîner dis-
ndieux. Au déjeuner l'appétissant mol-
sque sera bien mieux à sa place accompagné
s mets et hors-d'œuvre froids que le même
a blanc pourra accompagner familièrement
squ'au bout.

L'huître de Marennes, près Rochefort, est
cherchée par quelques personnes. De qua-
é fine, sa saveur est forte, et son manteau
an vert très-prononcé. Les débitants n'en
t pas, et il faut s'adresser au facteur de la
lle aux huîtres, M. Lecordier.

Il est à désirer que les semis que l'on fait
huîtres d'après le système Coste augmentent
produit de ce fruit de la mer, car le nom-
e des amateurs s'accroît chaque jour. Nous
ons vu autrefois les huîtres à vingt-cinq cen-
nes la douzaine, maintenant on les compte
quatre-vingts centimes.

Que feront donc les gastronomes dans cent
as quand le nombre des individus sur terre
ra doublé, *sans que la quantité des vivres
t pu augmenter?* O chimiste! venez au secours
e nos petits enfants: emparez-vous de l'azote
e l'air pour leur composer une nourriture
ibstantielle sous un moins gros volume!

En général approvisionnez-vous à Dunkerque, et si son huître vous coûte un peu plus cher que celle de Cancale, mangez-en moins, si vous voulez aller à l'économie, et vous trouverez plus de jouissance. Dans les moments où M. Lecordier, facteur à la halle aux huîtres à Paris, n'en aura pas (toujours avant dix heures du matin), il se chargera de vous en faire venir en vingt-quatre heures, ou bien adressez-vous aux PARCS DE L'EST A DUNKERQUE, dont M. E. de Forcade est directeur, et vous serez servi *presto*. Le tout à prix de fabrique. Cette espèce d'huître, par son petit volume, est bien moins embarrassante et moins salissante à table.

Du reste nous ne comprenons l'usage de l'huître qu'à déjeuner, et non quand les dames sont en grande toilette. Elle ne doit figurer que dans le repas intime et amical, en déshabillé.

LES METS DANS L'ORDRE DU SERVICE

ous devons insérer, dès les premiers mois de notre BRÉVIAIRE, une liste de tous les mets susceptibles d'être servis dans la plupart des maisons.

Cette liste est un véritable AIDE-MÉMOIRE, où l'on trouvera aussi promptement que possible l'indication de ce que l'on désire offrir par ordre depuis le commencement jusqu'au dessert.

On ne l'a pas embarrassée d'une foule de noms nouveaux donnés pour la plupart à anciennes préparations peu ou point modifiées, et que l'on voit indiquées dans des menus où l'on vise à l'effet.

Nous dirons, avant tout, que l'on devra

se rendre compte de la forme sous laquelle on désire faire servir son dîner.

Tout le monde conviendra que la meilleure manière de jouir de l'agrément d'un repas, c'est de déguster chaque mets *chaud à point,* c'est-à-dire passant immédiatement du fourneau sur la table.

Aussi faisions-nous l'éloge de la méthode de servir plat à plat, en famille, dans ce que nous avons nommé « la gastronomie intime ». (Voir la *Cuisinière de la campagne et de la ville.*)

On l'a dit longtemps, mais on a continué le service à la française, où l'on sert à la fois les potages, les relevés, les entrées, de sorte que souvent tel mets n'était passé dans les assiettes qu'une demi-heure après sa sortie du feu. Il en était de même à l'entremets, où les plats chauds refroidissaient quand les gelées fondaient. Les réchauds ne remédiaient qu'en partie à cet inconvénient, et nous avons vu plus d'une fois le ragoût bouillir sur l'esprit-de-vin, ou bien l'eau chaude perdre sa chaleur.

Les gastronomes se plaignaient et trouvaient avec bonheur l'occasion de faire un dîner plat à plat.

Enfin, suivant le mot de Voltaire, « la lumière nous est venue du Nord ».

La manière de manger chaud nous est venue sous le nom de *service russe.*

On a eu le bon sens de penser qu'il fallait
oser sur la table tout *le froid*, qui l'orne et
enrichit, et apporter de la cuisine les plats
hauds à mesure qu'ils étaient à point pour
usage immédiat.

On a remplacé par des corbeilles de fleurs
t de fruits, par des ornements en bronze
oré et par des candélabres de lumières les
lats qui tenaient le milieu. Nous avons donné
ans la *Cuisinière de la Campagne et de la
ille* des dessins de ces tables avec les détails
écessaires. Ce mode de service a nécessité la
istribution de listes où chaque convive peut
réparer mentalement le choix qu'il aimera
faire et gouvernera en conséquence ses
oyens, d'accord en cela avec son palais et
vec son estomac.

Quelques personnes regrettent le magnifi-
ue service ancien, mais tous les jours il
erd de son usage. Le sans-façon l'emporte.

Aussi engagerons-nous nos lecteurs à se
anger de l'avis de l'abbé de Lattaignant quand
chantait :

> Je déteste la manie
> De donner de grands repas;
> On dîne en cérémonie,
> On symétrise les plats;
>   On y rit
>   Sans esprit;
> Mangeant froid, parlant de même,

On perd, par ce faux système,
Les bons mots et l'appétit (*bis*).

(Air : *Frère Jean à la cuisine.*)

Nous avons dû cependant, en donnant des énumérations de mets, de relevés, d'entrées, et enfin du second service, celui des entremets, les supposer servis d'une manière quelconque, suivant l'ordre à la française ou à la russe, adopté dans chaque maison. D'ailleurs dans beaucoup de ces maisons, on allie l'ancien et le nouveau, et l'on établit suivant sa volonté un système mixte. Enfin, on a liberté entière; tout est bien quand la cuisine est bonne et les hôtes agréables.

Dans ce service libre, on n'est plus astreint à l'ordre impérieux de donner quatre ou huit plats d'entremets quand on avait présenté quatre ou huit plats d'entrées.

Si on veut cependant faire montre de quelques plats, on fait figurer en belle vue, sur la table, les deux plats qui vont être découpés et passés le plus prochainement.

Le service que nous aimerions à indiquer sous le nom de SERVICE LIBRE, soit qu'il se présente sous le nom de *russe,* soit sous celui de *mixte,* c'est-à-dire russe modifié, est pratiqué depuis longtemps dans toute l'Europe, excepté en France, où il se propage tous les jours davantage.

Nous avons à regretter que le format obligé

e ce Bréviaire ne permette pas de donner ici
s gravures du service de tables qui sont
ns notre *Cuisinière*, ainsi que beaucoup de
étails qui concernent le service *.

* Toutes les fois que nous indiquons la *Cuisi-
ère*, nous entendons parler de la CUISINIÈRE DE LA
MPAGNE ET DE LA VILLE, parce que c'est l'ouvrage
ii se trouve entre les mains de tout le monde, et
le sa réimpression chaque année permet de le tenir
ujours au courant du progrès pour l'usage de la
isine de tout le monde.

POTAGES.

Nous ne savons si beaucoup de personnes seraient de notre avis sur l'usage des potages, usage général en France et qui ne pourra vraisemblablement jamais être supprimé, à cause de l'habitude.

Beaucoup de gastronomes ont dû remarquer, comme nous, que, quand ils s'abstenaient, pour une raison quelconque, de manger de la soupe, leur estomac étant plus libre, ils attaquaient bien plus vivement ce qui constituait le dîner par lui-même, et qu'ils en consommaient bien davantage. Ce qui, par parenthèse, n'était pas une économie. Pourquoi cet effet avait-il lieu? C'est que ou le potage est nourrissant et donne déjà sa part de la nourriture nécessaire, ou il est clair, peu substantiel et fait l'office d'un verre d'eau chaude, lequel n'a d'autre effet que d'affaiblir l'estomac, tout en prenant de la place, ce qui prive de manger autre chose.

Nous avons entendu soutenir une thèse différente; on disait : Le potage prépare, il ouvre les voies pour absorber ensuite des mets plus succulents et plus compactes.

Comme si l'estomac était un tourne-broche qu'il faille huiler pour qu'il puisse tourner!

Allez voir, s'il vous plaît, chez MM. les

nglais, qui ne mangent guère de soupe que
: dimanche, et qui *préparent* leur estomac
ar une énorme tranche de *roastbeef*, si cet
rgane n'est pas bien préparé. Regardez leur
ice pour voir si elle annonce le marasme!

Quand vous ferez un tour en Italie, regar-
ez les indigènes se préparer à manger leur
oupe, quand ils en mangent, car c'est sou-
ent un macaroni compacte qui en tient lieu,
egardez-les, dis-je, se préparer avec une
uantité de tranches de saucissons et de mor-
idelle!

Voyez encore dans le Nord les estomacs se
réparer avec des verres de *vermout* incen-
iaire : ont-ils l'air malades?

Goûtez à *the soup* des Anglais pour savoir
i elle est claire et si elle prépare; vous ver-
ez que c'est un coulis épais, riche et nourris-
int, mêlé de tête de veau ou autre substance
nimale, coupée en dés et qui équivaut bien
à un bon plat, le tout additionné du stimulant
'une bonne pincée de piment enragé!

Quoi qu'il en soit, il y a lieu de regretter
ue la mode ait proscrit de nos tables la sou-
ière, car elle formait un assez bel orne-
ient, surtout quand elle était en argent, et
u'elle supportait un groupe de figures de
hasse. Maintenant on veut que celui qui
ert la soupe se cache dans un coin pour vous
n envoyer furtivement une assiettée.

Heureusement que dans le sans-façon de

l'intimité vous pouvez éviter cet usage et vous servir ostensiblement de votre soupière! Heureusement encore que celui qui, comme nous, passe sous silence l'assiettée de potage, est parfaitement libre, quitte à en reprendre l'usage les jours où il lui convient de se *préparer* avec ce liquide.

La liste qui va suivre sera celle des potages dont on aura le plus besoin de se souvenir dans l'usage habituel des bonnes maisons.

On supposera toujours le pot-au-feu ayant pour fondement le *gîte à la noix*, partie du bœuf qui produit le meilleur bouillon et le meilleur *bouilli*.

Liste des Potages.

POTAGE *au bouillon gras*, au pain, au riz.

Semoule de blé ou de Riz, Vermicelle, Macaroni, Lazagnes et autres pâtes d'Italie.

Tapioca, Sagou, Salep; voir l'article ci-après sur les pâtes.

Julienne, Crécy.

Purées.

Les mêmes *en maigre* avec bouillon de légumes.

Au gras : Choux, choux-fleurs, au riz, choux et fromage.

Ognon et purée.

Purées de volaille et gibier.

Au chasseur.

Autres potages maigres, au lait, Monaco à ognon et au lait.

Aux pommes de terre et à l'oseille, aux ommes de terre et poireaux, aux navets et arottes, aux moules.

Au printemps on jouira des potages Colert, à cause des légumes nouveaux qui y ntrent.

Les potages printaniers, aux pointes d'asperges, aux petits pois, aux laitues, à la urée de pois verts dits Chantilly.

En été on aura les potages de haricots verts t les blancs à la purée de tomates.

Le potage anglais à la fausse tortue (muck-urtle), ainsi que les bisques, sont plus usités n repas intimes qu'en compagnie.

Le charmant potage Sévigné est à la mode, nais comme sa recette est peu connue, nous llons la donner.

Potage Sévigné, inconnu vraisemblablenent de la marquise. — Ce qu'on appelle *évigné* n'est que la garniture du potage, orte de quenelle.

Levez les chairs blanches de deux poulets ôtis, parez et pilez fin, délayez-les ensuite vec un verre et demi de consommé de bœuf t de volaille de bonne consistance, passez u tamis, joignez un rien de sucre et de musade. Incorporez à ce coulis douze jaunes l'œufs. Si vous avez de petits moules élevés à âtisserie, beurrez-les, emplissez-les de l'appareil et faites prendre comme une crème en petits pots au bain-maris, à couvert. Dès que cette pâte sera prise, retirez du feu, laissez refroidir, sortez des moules, coupez chacune en deux ou trois, et placez-les dans une soupière; vous versez dessus le consommé ou bouillon qui forme le potage. On peut également verser l'appareil dans un moule à charlottes et le couper par lames.

On peut encore mettre au rang des Potages, particulièrement pour les repas intimes.

Les Garbures, potages gascons toujours gratinés.

Les Bouillebaisse, Bouride et Waterzoo, potages de poissons.

La Bisque d'écrevisses.

Le Risotto à la Milanaise. (Voir la *Cuisinière de la campagne*.)

Nous aurions pu donner une longue liste des potages qui ont des noms *à la mode*, tels que :

Reine Margot, Massena, Bourdaloue, Rachel, Mécènes, Andalouse, Mégère, Dubarry, Musard, Monte-Christo, Dartagnan, Maintenon, John Bull et bien d'autres, mais il faudrait supposer un cuisinier très-savant dans les noms nouveaux. Pour les exécuter il suffira, quand on l'aura ce cuisinier, de lui demander ceux qui font partie de son répertoire à la mode.

Toutes les fois que l'on achètera des pâtes
potages, il faut prendre les premières qua-
tés, parce qu'elles ne sont pas sujettes à
amollir et fondre en cuisant. Il faut aussi
ire usage de celles qui sont nouvellement
briquées. Par conséquent n'en pas avoir en
rovision. Nous avons vu les Napolitains, qui
y connaissent, refuser celles qui avaient
ne semaine de fabrication. En effet les pâtes
ue nous dégustions le jour de leur arrivée
ans la ville n'étaient pas à comparer à celles
iême de huit jours. Il en est de cela comme
u pain tendre et du pain rassis, ni plus ni
ioins.

Les pâtes d'Italie sont fabriquées avec le
lé dur qui ne peut passer l'hiver sur terre et
tre cultivé en France. Aussi les Arabes trou-
ent-ils une grande ressource dans leur *cous-*
oussou, qui est fait de blé dur. Ce blé dur
st beaucoup plus nourrissant que le blé ordi-
aire en France.

On doit avoir soin également de ne faire
cheter que les meilleures qualités pour le
apioca, ou farine *manioc*, le *sagou*, le *salep*,
arrow-root. Ces farines, qui proviennent des
ruits de différentes espèces de palmiers, sont
mitées tout simplement avec la fécule de
ommes de terre. Aussi M. Bousquin, succes-
eur de Chatillon, passage Vivienne à Paris,
lonne-t-il les imitations à moitié prix des
qualités américaines. De même qu'il vend les

pâtes d'Auvergne un tiers de moins que celles de Gênes ou de Naples.

Il en est encore de même des *semoules* d'Italie.

Les dames seront bien aises de faire connaissance avec les *pâtes alphabétiques* et chiffrées de sa fabrique qui représentent chacune une lettre ou un chiffre. Elles se tiennent très-bien à la cuisson, elles amusent la société et surtout les jeunes gastronomes. C'est un POTAGE SPIRITUEL ! On ne peut lire sans un intérêt soutenu le livret doré qui contient la nomenclature des produits de cette friande boutique. (Gratis.)

RELEVÉS.

L e RELEVÉ a pris son nom de ce que, dans le service pur à la française, on enlevait la soupière pour la remplacer par un plat solide qui souvent ûit le bœuf bouilli.

Le relevé est une grosse pièce, souvent un ti, mais, pour qu'il ne ressemble pas au t du second service, on doit toujours l'enurer d'une garniture. Par exemple, le sime *persil autour* du bœuf bouilli est une rniture, mais elle peut être de toute autre rte, comme on va le voir dans la liste que us allons donner des garnitures, après la te des relevés.

Quand la table est nombreuse, on sert ux relevés, dont un est ordinairement un os poisson qui, lui aussi, a sa garniture et sauce.

La garniture est toujours arrangée autour plat. Il ne faut pas la confondre avec le goût servi sous les *entrées*.

Liste des relevés.

Bœuf bouilli entouré d'une des garnitures -après, ou au moins de persil en branches.
Chapon au gros sel.
Poule au riz.

Bœuf à la mode.
Aloyau à la broche, — braisé.
Filet d'aloyau à la broche, — braisé.
Roast-beef : pièce de bœuf à la broche, pesant au moins quatre kilog., ordinairement prise dans l'aloyau.
Langue de bœuf.
Galantines de veau, — de volaille, — de gibier, garnies de gelée.
Cuissot de veau
Longe ou carré de veau.
Tête de veau, sauce piquante, en tortue.
Gigot dans son jus, — braisé.
Jambon salé et fumé, servi froid, servi chaud, à l'anglaise, frais rôti, braisé.
Porc frais à la broche, — dans son jus.
Cochon de lait.
Hure de cochon.
Quartier de chevreuil.
Terrines de volaille et de gibier.
Dinde rôtie ou en daube.
Pâtés froids, chauds, vol-au-vent.
Poissons au court-bouillon, tels que : saumon, truite, esturgeon, turbot, barbue, bar, églefin, mulet, grondin, dorade, cabillaud, raie, morue, anguille de mer, gros maquereaux, grosses soles, homards, langoustes, grosses carpes au court-bouillon, à la Chambord, brochet.
Les poissons cuits au court-bouillon sont servis sur serviette, et garnis de persil en

anches, ou ornés de garnitures qui leur sont
alogues.

Les poissons présentés chauds peuvent
re servis avec une sauce froide, même en
ayonnaise. Certaines espèces, telles que le
rbot, ont trop de consistance pour être
angées froides avec autant de plaisir; cepen-
nt on les voit figurer dans les ambigus.

On pourrait ajouter à cette liste beaucoup
autres relevés tels que :

Saumon à la bordelaise, entouré de cent
îtres, seize laitances de carpes, etc.

Truite à la Cambacérès (le plus pingre de
us les amphitryons et qui ne méritait guère
onneur de cette dédicace). Longe de veau
la Montansier, etc.

Nous renvoyons à la fin de l'article *Potage*
-dessus, pour nos observations sur le sujet
ces nouveaux noms.

Garnitures pour les Relevés.

POMMES DE TERRE cuites à l'eau et sel,
urnées, rondes, ou en olives et sautées au
urre, ou arrangées en *duchesse.* (Voir la
uisinière de la campagne.)

CAROTTES tournées à volonté, blanchies,
is cuites dans de bon bouillon. Les grosses
upées en rouelles.

NAVETS préparés comme les carottes ou les
ux racines mélangées.

OGNONS blanchis promptement à l'eau et sel, puis cuits dans du bouillon, etc. (Voir la *Cuisinière*.)

POIS VERTS cuits à l'anglaise au moment de servir.

HARICOTS VERTS tendres à la maître d'hôtel, toujours servis bien chauds et assaisonnés au moment de servir. S'ils sont gros, les tailler en losanges longs ou en filets. Ils doivent être cuits dans l'eau salée bouillante, pour conserver leur verdeur.

CHOUX DE BRUXELLES parés, blanchis, et sautés au beurre.

CHOUCROUTE et CHOUX EN RAGOUT entourant le relevé.

CHOUX-FLEURS cuits à l'eau et saucés d'une sauce blanche, tomate ou autre.

CHAMPIGNONS dans leur forme ronde avant que le chapeau soit ouvert, et cuits un quart d'heure avec beurre, jus de citron, un peu d'eau et sel.

TOMATES petites, rondes et farcies.

CONCOMBRES coupés par tronçons, puis divisés par quartiers, cuits et assaisonnés au moment de servir.

ZUCHETTIS OU COUCOURCELLES, jeunes fruits de courges, gros comme des œufs et accommodés comme les concombres.

OLIVES préparées comme pour ragoûts, et tournées.

CORNICHONS entiers s'ils sont petits et en

lets, en boules ou en rondelles s'ils sont gros. ervis crus.

Marrons épluchés, cuits au bouillon, tomés à glace.

Cervelles parées en rond et en lames, uites comme pour ragoût.

Ris de veau et d'agneau, découpés et arangés avec goût.

Lard fumé de poitrine, cuit au bouillon, ombé à glace et découpé par lames.

Petites Saucisses plates ou rondes, cuites u bouillon, coupées et arrangées avec goût.

Ecrevisses arrangées avec goût, et la ueue débarrassée de son test.

Nota. Toutes ces garnitures peuvent se ervir en couronne autour du relevé ou par etits tas, selon leur nature.

Elles doivent être saucées, avant de les plaer, d'une sauce convenable au relevé.

HORS-D'OEUVRE D'OFFICE:

Hors-d'œuvre froids.

———

Servis sur la table, et dont on fait usage en commençant le repas, ils font grande figure dans les déjeuners.

De même que l'on a toujours aimé « à faire bonne chère avec peu d'argent », on n'est pas fâché non plus de bien garnir sa table avec le moins de plats possible.

Les *hors-d'œuvre* servis dans les coquilles faites pour cet usage, et que l'on peut appeler *hors-d'œuvriers*, remplissent parfaitement ce but.

On emploie en Italie beaucoup de SAUCISSONS, cervelas, mortadelle, de tout genre, *coupés obliquement* par tranches minces. Des tranches de LANGUE fourrée rendent le même service, ainsi que des tranches excessivemen minces de JAMBON cru, selon la méthode anglaise.

Les POISSONS SALÉS fournissent encore une grande ressource.

Outre les ANCHOIS, on sert aussi des SARDINES débarrassées des écailles et que l'on itoure de persil. Les Nantais font passer les aîches (salées cependant) un moment au feu. n aime à les manger avec des tartines minces beurrées. Ces TARTINES donnent l'occasion e fournir sur la table un plat de plus, lequel t économique. Mais en grand service on doit ire *passer* le plat des tartines sans le faire gurer.

Les HARENGS SAURS marinés de notre *Cuinière* forment un excellent hors-d'œuvre.

Des filets de hareng pec, dessalés dans oitié eau et lait pendant quelques heures, servent entourés de persil.

Le SAUMON fumé, coupé mince, et auquel on *fait voir* le feu du gril, est un hors-d'œuvre ès-distingué, bordé de persil. On l'emploie issi en composant des canapés d'anchois rec le thon.

Pour la variété des couleurs plutôt que ur sa délicatesse, nous indiquerons le CHOU OUGE, qui plaît pourtant à beaucoup de ersonnes. Il faut découper finement la partie ince des feuilles, les mettre mariner avec 1 sel, les retourner; au bout de deux jours s égoutter et verser dessus du vinaigre en s·assaisonnant de clous de girofle, petits gnons, même du piment, si on veut. On les nserve ainsi.

On coupe par tranches minces de jeunes ONCOMBRES, de gros CORNICHONS frais, de ès-jeunes *courges* ou potirons (*zuchetti*) que l'on fait macérer une heure ou deux dans le vinaigre assaisonné. On jette cette marinade, et on la remplace par un peu d'huile.

De petits ARTICHAUTS font un hors-d'œuvre. On les pare, on les sert entiers s'ils sont petits et coupés par quartiers s'ils sont moyens, sur des feuilles de vigne. On passe en même temps une petite saucière où est une vinaigrette.

Le RAIFORT râtissé en copeaux minces est servi pour assaisonner le bœuf bouilli.

Les CERNEAUX sont servis sur un peu de verjus et assaisonnés de gros sel au moment de servir.

Les FIGUES bien mûres sont posées, comme tout autre fruit, sur des feuilles de vigne, ainsi que les MURES.

Tout le monde sait arranger les RADIS, ce hors-d'œuvre si connu. La *Cuisinière de la campagne* indique des formes très-pittoresques.

On ne sert jamais les radis sans BEURRE.

Les CREVETTES servies sur un lit de persil et ornées de même tout autour font une jolie coquille.

On arrange aussi en coquille de hors-d'œuvre des chairs de HOMARDS et de LANGOUSTES en filets minces que l'on couvre d'une magnonnaise avec feuilles de persil et d'estragon hachées très-fin.

On fait une coquille MACÉDOINE avec du

hon, des filets d'anchois et de harengs saurs, les chairs de homard, des queues épluchées le crevettes, olives sans noyaux, cornichons, betteraves. On coupe le tout par morceaux, on y mêle une magnonnaise, et on dresse avec ordre les filets de homard autour.

Un *entourage* de tranches minces de *citron*, coupées chacune en deux, dont on festonne es bords des coquilles, est un joli ornement pour les hors-d'œuvre.

Cet ornement fait bien sur une coquille le tranches de THON baignées d'un peu l'huile.

Les HUÎTRES MARINÉES sont tirées du baril, avées et servies sur une sauce d'échalotes lachées fin, vinaigre, poivre, huile, jaunes l'œufs durs écrasés.

On connaît l'emploi des OLIVES, que l'on ert dans de l'eau où elles baignent pour ne pas loircir, et celui des CORNICHONS et ACHARDS ur leur vinaigre. On nomme achard une nacédoine, c'est-à-dire un mélange de fruits ou légumes, inventée par un nommé Achard.

On prépare et on conserve au vinaigre des BETTERAVES cuites à l'eau. On les choisit pe- ites, rouges et jaunes, pour varier; on les coupe par tranches dans des bocaux.

On sert aussi des tranches de CÉLERI-RAVE cuites, coupées égales avec un emporte-pièce et assaisonnées comme salade. On y mêle, si 'on veut, des filets d'anchois ou de thon, on orne de jaune d'œuf en miettes comme pour *canapé*.

Des BIGARREAUX, des *guignes*, des *cerises*, conservés naturellement dans du vinaigre avec un peu d'estragon, garnissent très-bien un hors-d'œuvrier. On laisse un bout de queue.

Le MELON est considéré comme hors-d'œuvre, mais cependant dans beaucoup de maisons il est servi comme plat, et doit être relevé par un autre plat froid d'entremets.

————

Dans L'ÉTÉ, si on a de la glace, on en met sur les hors-d'œuvre de beurre, sur ceux de crevettes, de figues, de mûres. On sert aussi les melons coupés par tranches sur de la glace. Il faut mettre ces objets quelque temps d'avance à la glace, avoir soin de les égoutter au moment de les servir et de remettre de nouvelle glace pilée dans un torchon pour les crevettes, etc. On divise facilement les gros morceaux de glace au moyen d'un poinçon et d'un marteau.

HORS-D'ŒUVRE DE CUISINE :

Hors-d'œuvre chauds.

Ces hors-d'œuvre sont de véritables plats qui autrefois étaient servis sur la table, dont ils garnissaient les flancs entre les plats d'entrée. On en sert encore quelques-uns, mais, en général, dans le grand service, ils sont apportés directement de la cuisine et *passés en extra* aux convives, successivement dans l'ordre le plus convenable à leur nature.

Ils exigent un bon cuisinier, à cause de leur composition compliquée.

Les bons pâtissiers peuvent en fournir une certaine quantité.

La réunion d'un certain nombre de ces moyens plats formerait dans une réunion intime un friant et agréable dîner.

Nous indiquerons quelques-uns de ces mets pour en donner une idée.

Petits pâtés feuilletés dits *bouchées*.

Petits pâtés au jus avec quenelles ou godiveau ou petites boulettes.

Petites timbales de macaroni.

Petites chartreuses.

Croustades de ris de veau, ou d'agneau.

Ces objets en petit, un pour chaque convive.

Escalopes.
Rissoles ou boulettes passées au beurre.
Croquettes, friture de volaille.
Fritures de petits poissons, de filets à la Orly et de toutes sortes.
Cervelles frites et laitances.
Friture mêlée à l'italienne.
Huîtres en coquille.
Champignons, idem.
Crosméquis.
Boudins, Richelieu et autres.
Côtelettes d'agneau en papillotes.
Petites caisses de volaille, gibier, laitances, foies de volaille, huîtres.
Soufflés au fromage.

ENTRÉES.

Les entrées sont des plats plus ou moins solides de viandes, gibier, volailles, poisson, avec sauces, ragoûts ou purées. Pour certaines on sert la sauce à part.

Si on veut dresser une table à la française, on s'apercevra que souvent les entrées, trop peu saillantes de leur nature, ont besoin d'être élevées par ce qu'on nomme *fond de plat*. C'est ici qu'un cuisinier habile est nécessaire pour faire des hausses en croustades et en pâtes, ainsi que pour les *bordures* à placer aux plats qui en sont susceptibles.

Malgré la règle de ne servir les entrées qu'avec sauces, on sert néanmoins des pâtés froids.

Entrées de Poisson.

Saumon presque toujours par morceaux ou *darnes*, aux câpres, en fricandeau, en papillote, à la genevoise, à la maître d'hôtel, en magnonnaise, en escalopes, en salade.

Truite grosse, saumonée, même préparation.

Truites de lacs et rivières saumonées. (Voir au mois d'avril, où l'on traitera de cet article.)

Petites truites de rivière à la genevoise.

Bar, Mulet, Grondin, Eglefin, Rouget-Barbet, Brème de mer, se servent comme le saumon.

La Dorade, poisson de la Méditerranée, n'arrive qu'au printemps : c'est un exquis poisson qu'il faut manger aussitôt arrivé, et préparer au court-bouillon. Il est excellent grillé, quand il n'est pas trop gros. La dorade de la Méditerranée n'est connue à Paris que depuis les chemins de fer.

Alose, mêmes saison et préparation. Elle aime un lit de farce, d'oseille, ou une maître d'hôtel.

Esturgeon, toujours par morceaux ou *darnes*, au court-bouillon, en fricandeau dans ses parties fermes et comme le saumon.

Cabillaud. Ne se sert que par morceaux et presque toujours à la hollandaise, faite simplement de beurre fondu et sel au moment de servir. C'est la morue fraîche non aplatie ni salée.

Le Congre, ou anguille de mer, est de qualité peu recherchée, mais rend service dans l'intimité. (Voir la *Cuisinière*, page 277.)

Turbot et Barbue, au court-bouillon, avec sauce blanche aux câpres, sauce magnonnaise. Ces deux sauces servies en même temps au choix de chacun. Les restes se réchauffent et se servent de même. Les petits au gratin, en salade, en croquettes.

Raie au beurre noir, sauce blanche, maître d'hôtel. Ne se sert que dans l'intimité,

Morue, aux pommes de terre, Béchamel,
aître d'hôtel, au gratin, en brandade.
Maquereau à la maître d'hôtel, beurre noir,
rtare, magnonnaise, aux groseilles et aux
mates.
Harengs maître d'hôtel, moutarde, beurre
ir.
Sole au gratin, frite, à la Colbert, maître
hôtel, normande, tartare, tomate, ma-
ïonnaise.
Limande au gratin.
Merlan au gratin, aux fines herbes, maître
hôtel, câpres, magnonnaise.
Eperlans au gratin.
Moules à la poulette, à la marinière; pour
pas intimes.
Huîtres en coquille, grillées.
Matelotes de divers poissons.
Carpe étuvée, en matelote, Chambord,
aître d'hôtel.
Brochet,   idem,
Barbeau,   idem.
Anguille à la tartare, en matelote, à la
ulette, à la minute, au soleil.
Ecrevisses à la marinière, à la bordelaise.

Entrées de Bœuf.

Bœuf desservi, bouilli ou rôti sur sauces
quante, tartare, Robert, tomate, italienne,
ovençale, en persillade, miroton, gratin,
illades, vinaigrette, hachis, rissoles.

Filet aux champignons, à la chicorée sauce tomate, etc.

Bifteck aux pommes de terre, au beurr d'anchois, au cresson. Bifteck Chateaubriand

Entrecôte aux pommes de terre, braisé dans son jus.

Bœuf à la mode.

Langue à l'écarlate, piquée.

Cervelle au beurre noir.

Rognons au vin blanc, blanchis pour leu ôter la forte saveur qui leur est propre.

Entrées de Veau.

Carré aux fines herbes, à la bourgeoise.

Poitrine aux petits pois, à la poulette.

Tendrons en matelote.

Cotelettes en papillotes, à la milanaise, à la bordelaise, aux fines herbes.

Fricandeau.

Blanquette.

Escalopes de rouelles.

Quasi à la pèlerine.

Epaule à la bourgeoise.

Foie à la poële, en bifteck, à la provençale Rognons.

Ris en fricandeau, en fricassée de poulet

Cervelle en matelote, à la poulette, au beurre noir, frites.

Tête de veau au naturel, frite, en tortue. — Oreilles, sauce piquante, etc., frites, er tortue, au fromage.

Entrées de Mouton.

Gigot rôti servi sur des haricots verts ou blancs, ou ragoût de chicorée, — cuit dans son jus, — à la provençale.

Côtelettes grillées à la maître d'hôtel, sautées à la poële, à la jardinière, à la bruxelloise, à la Soubise, à la chicorée, sauce tomate, aux champignons, à la milanaise.

Emincé aux cornichons, au beurre d'anchois.

Carré à la bourgeoise.

Epaule roulée.

Haricot de mouton ou hochepot.

Fricassée de mouton aux haricots verts ou blancs.

Rognons au vin, à la brochette.

Pieds à la poulette, frits.

Agneau à la poulette, quartier rôti, sauce maître d'hôtel, etc.

Entrées de Cochon.

Porc frais à la broche, sauce piquante.

Côtelettes sauce Robert, piquante, tomate, farce d'oseille.

Jambons chauds.

Entrées de Gibier.

Chevreuil : filets et côtelettes piqués, à la casserole, — en civet, — gigot à la broche et sauce piquante, en émincé, — en daube,

— épaule roulée. — C'est un abus de faire mariner trop longtemps. Souvent il suffit d'un jour.

Lièvre en civet, en terrine, — levraut, au chasseur, sauté.

Lapin en gibelotte, civet, matelote.

Lapereau sauté, au jambon, à la Marengo, à la poulette, en papillote, à la tartare, aux petits pois, à la crapaudine, à l'estragon, aux olives, au père Douillet.

Perdreau en salmis, crapaudine, chartreuse, chipolata, à l'anglaise, grillé, en papillote, en salade, en magnonnaise.

Perdrix aux choux, à la catalane, à l'estouffade, à la purée.

Faisan: selon toutes les manières convenables aux perdrix pour entrées.

Coq de bruyères, — Gelinotte, mêmes préparations.

Pintade, mêmes préparations; mais nous ne conseillons d'employer ces quatre espèces qu'à la broche, pour ne pas perdre leur fumet rare et précieux, hors le cas de salmis pour servir les restes.

Cailles sautées et grillées, ou autres façons indiquées pour les perdreaux.

Bécasses, bécassines, vidées et sautées, en salmis.

Râles de genêts, comme les bécasses.

Grives et Merles, ceux-ci bien inférieurs aux premières, comme les bécasses.

Alouettes : comme les bécasses.

Pigeons en compote, aux pois, à la Sainte-Ménéhould, à la crapaudine, en papillotes, en chartreuse.

Pigeons ramiers, mêmes préparations.

Canards en salmis, aux pois, aux navets, aux olives, en daube, au père Douillet.

Les Canards sauvages, Sarcelles, Poules d'eau, doivent être mis à la broche et ne figurer pour entrées qu'en salmis.

Oie, mêmes préparations que pour le canard.

Entrées de Volailles.

Blanquette de volaille en croquettes, capilotade, marinade, magnonnaise, terrine, ou purée.

Poulet en fricassée, tartare, sauté, à l'estragon, farci et poëlé, Marengo, à la diable, à la cinq clous, en matelote avec anguille.

Chapon au riz, au gros sel.

Poularde pour entrée, comme les poulets gras, mais le Chapon et la Poularde ne devraient figurer qu'à la broche et leurs restes réchauffés dans du papier beurré ou en papillotes.

Coq et Poule au riz, en daube, aux ognons.

Dinde et Dindon en daube, ou cuits dans leur jus. — Abatis en fricassée de poulet, en hochepot.

LE COUP DU MILIEU.

On sait qu'avant d'attaquer l'entremets on passe aux convives le coup du *milieu*, c'est le madère ou le xérès, le cognac ou le rhum, que l'on offre aux convives entre le premier et le deuxième service. La propriété *précipitante* de ces liquides promet à l'amphitryon qu'il sera fait honneur à la deuxième partie de son dîner. Dans beaucoup de maisons on l'a remplacé par le PUNCH A LA ROMAINE OU DES SORBETS. C'est l'usage le plus distingué, mais, pour les amphitryons qui n'ont pas de glaciers à leur porte, le madère restera longtemps coup du milieu !

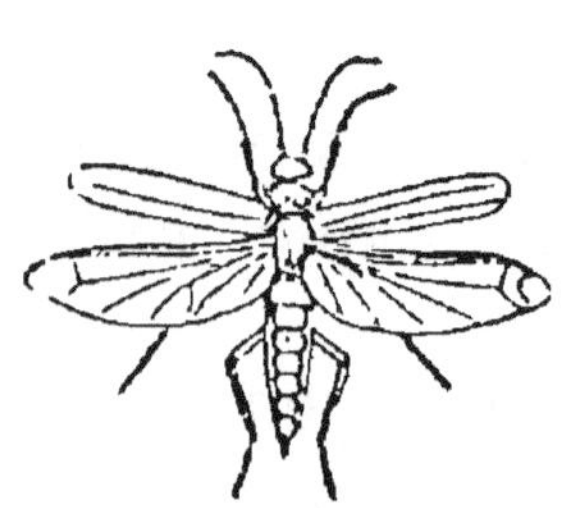

ROTS.

Un bon propriétaire invitant quelques amis à dîner, et voulant les faire jouir de ce qu'il connaît de plus savoureux, a soin de prévenir son boucher à l'avance de lui garder un filet de bœuf pour rôti. Mais c'est qu'il ne sait pas toujours que la vue de ce succulent morceau ferait hausser les épaules à un cuisinier de grande maison!

En effet, il n'est pas reçu d'admettre sur les tables, dans les maisons où il y a susceptibilité, de servir les pièces de boucherie autrement que comme relevés ou entrées.

Les rôts ne doivent se composer, si l'on veut suivre à la lettre cet usage de haute cuisine actuelle, que de volaille et de gibier, auxquels on substitue, les jours maigres, du poisson frit ou des pâtés de poisson.

Mais que diraient ces critiques de haute volée, s'ils entendaient dire à des gastronomes, jugeant par leur palais et non par les considérations d'un service trop raisonné, que la partie dite dure du vulgaire aloyau, quand il est de première qualité, est plus savoureuse que le filet lui-même?

Cependant il faut convenir que dans un dîner de luxe, où l'on est obligé, à cause du nombre de convives, et du nombre des mets relatifs, d'employer des pièces de boucherie au service d'entrée; il faut convenir, disons-nous, que l'on doit, pour bien faire, aller « de plus fort en plus fort » en délicatesse et en mets distingués, jusqu'à la fin. Ainsi, si l'on a dégusté d'abord le tendre filet de bœuf, on sera heureux de jouir du faisan de haute saveur, et même de la bécasse, du coq de bruyère ou de la gelinotte, de goût encore plus prononcé.

Avant de donner la liste des rôts, nous devons recommander au maître de la maison de s'assurer d'un bon rôtisseur, ou seulement d'une bonne rôtisseuse. Il faut d'abord oublier la fameuse phrase de Brillat-Savarin : « On devient cuisinier, mais on naît rôtisseur. » Tous les maîtres savent qu'ils ont trouvé souvent des serviteurs qui, guidés par le tact et le raisonnement, leur ont donné des rôtis à point et présentant une dorure appétissante.

Ils savent que l'on doit avoir attention à la nature du comestible, au degré de tendresse de la pièce à rôtir.

Nous avons donné des notes détaillées sur ce sujet dans la *Cuisinière*, ainsi qu'une table des jours de *mortification* et des heures de cuisson, ainsi qu'un article avec figures sur le piquage et le bridage.

Mais, avant tout, une condition importante, c'est que le rôti, qui a été mis au feu par le cuisinier juste au moment utile pour qu'il soit cuit à son point à l'heure de le servir sur table, n'attende pas, par un retard quelconque, car toute sa qualité serait altérée, et le rôtisseur ne serait en rien répréhensible.

On sait que dans le service *à la française* les pièces de rôts sont servies entières, et elles y figurent richement. Si on sert *à la russe*, on apporte tout découpé de la cuisine, sauf dans quelques maisons où l'on fait figurer sur table deux plats pendant quelques moments avant de les découper.

Dans l'intimité on sert des pièces de boucherie froides pour rôtis, mais rarement en cérémonie. Les pièces froides sont destinées plus spécialement à figurer dans les soupers de bals et sur les buffets.

Dans tous les cas ces pièces froides ne paraissent que comme seconds rôts, c'est-à-dire à côté de rôts de broche servis chauds.

Les seconds rôts comprennent les pâtés de gibier, tels que lièvre, canard et foies de canards, perdreaux, cailles et mauviettes, ainsi que les galantines de volaille et gibier entourées de gelée.

Rôts de Boucherie.

Bœuf, Aloyau et Filet;
Veau : Longe composée du carré avec son

rognon, le morceau d'après moins estimé, ensuite le quasi, du côté de la rouelle.

Mouton, Gigot.

Cochon de lait.

Porc frais, échinée et filet, Jambon frais mariné avec sauce à part.

Les espèces ci-dessus pour les repas intimes, ainsi que nous venons de le dire.

Rôts de Volailles.

Dindon. Les femelles toujours plus estimées que les mâles, et toujours aussi la jeunesse avant tout.

Ceci s'applique, selon nous, à toutes volaille et gibier.

Pour toute pièce truffée il suffit qu'elle ait trois ou quatre jours, afin que les chairs soient parfumées, et ne pas dépasser sept à huit jours, si on veut la manger dans sa perfection.

Si on garnit de cresson une volaille, on le placera par bouquets : un à chaque bout et un de chaque côté, le jus alors dans une saucière.

Dindonneau, dès le mois de juin.

Poulet, Poularde, Chapon, Pintade.

Canard, Caneton.

Oison. Nous avons mangé en Allemagne, aux environs d'Erfurth, dès le mois de juin, de délicats individus de ce genre de volaille.

lous n'avons pas réussi, en France, à en
lever de manière à obtenir un résultat aussi
eureux.

Pigeonneau.

Rôts de Gibier.

Le rôt de gibier est le plus distingué que
on puisse offrir.

Mais pour faire complétement honneur il
st bien essentiel qu'il soit *faisandé*, c'est-à-
ire mortifié à point, pour que la chair ait
equis toute la perfection désirable.

Le faisan doit avoir ici l'honneur de com-
nencer la nomenclature des espèces de gi-
iers.

En effet c'est celle qui réunit tous les suf-
rages, et tel qui est passionné pour la *Bécasse*
lont le fumet est plus relevé, ou pour le
loq de bruyère, ou pour la *Gelinotte,* sera
noins tenté d'y revenir que de retrouver le
aisan ; mais le faisan, malheureusement, ne
)eut prendre son honorable place sur nos
ables que depuis octobre jusqu'au carnaval.

Le perdreau seul pourra consoler de l'ab-
ence du faisan, et encore est-il soumis aux
ois sur la chasse.

Nous mentionnerons encore en fait de gi-
)ier les Pluvier, Vanneau, Caille, Grive,
)rtolan, Guignard, Alouette, Becfigue.

Caneton, Canard, Sarcelle, Poule d'eau.

Levraut et Lapereau.

Le Chevreuil, dont on ne met à la broche que le gigot.

Le Sanglier, le Cerf ou la Biche, le Daim peuvent figurer comme gibier d'honneur, mais ne plairont qu'à peu d'amateurs; encore moins l'ourson, dont nous avons eu la chance de goûter.....

Rôts de Poisson.

Sole, Merlan, Brochet, Anguille par tronçons, Eperlan, Goujon. Plusieurs autres gros poissons divisés par filets ou par tranches.

On sert des poissons pour *rôts* les jours de maigres. Ils sont servis aussi comme *seconds rôts* quand il y a déjà un rôti de viande, volaille ou gibier et qu'il y a nécessité de varier. Quand les poissons sont servis comme *rôts*, ils doivent l'être sur des plats longs. Quand on les sert comme *entremets*, ils se dressent sur des plats ronds dits d'entremets.

On sert encore pour *maigre* des gibiers d'eau, tels que Macreuse, Sarcelle, Poule d'eau.

On peut juger ici de l'avantage du service à la russe, qui n'oblige pas à faire figurer sur la table un système complet de mets d'*ordonnance*.

Il ne faut pas oublier que parmi les plats de maigre, on sert pour rôts des pâtés de poissons, tels que thon, saumon, etc.

SALADES.

rues, selon la saison. Les *laitues* assaisonnées de jaunes d'œufs crus mêlés à l'huile, ou de jaunes d'œufs durs écrasés et mêlés dans l'huile vec épices, sel, vinaigre, fines herbes. Les *vmaines* sans œufs, ainsi que les *chicorées, scaroles, pissenlits, mâches, barbe de capu- in.* Les jeunes *concombres* par tranches ninces : faire macérer une heure. Céleri avec noutarde.

Les salades *cuites* sont : *haricots verts,* ou lancs, ou les deux mêlés.

Salade *macédoine :* lentilles, haricots blancs t verts, pommes de terre, céleri-rave, bet- eraves. On ajoute, à volonté, d'autres salades rues, anchois ou filets de poissons, homard, crevisses, olives, œufs durs et fournitures.

ENTREMETS.

Les entremets forment la seconde partie dans le service à la française.

Ce service comprend les légumes, c'est-à-dire les végétaux susceptibles d'être préparés à la cuisine. Il comprend aussi les rôtis, les préparations d'œufs, et ce qu'on appelle douceurs ou entremets sucrés.

Il n'est pas raisonnable de passer immédiatement des entrées de plats solides en viande de boucherie et autres à des viandes, à des gibiers et volailles qui forment les rôtis. Et il semblerait plus convenable de servir les légumes entre les entrées et les rôts, comme repos et diversité pour le goût; mais tel est l'usage, et il serait aussi téméraire de vouloir le changer que de tenter de supprimer le potage.

Autrefois la belle saison permettait seule de servir sur table des légumes tels que pois et haricots verts; maintenant, grâce aux boîtes de conserves, on peut les indiquer pour les services de tous les mois, outre que les cultures de primeurs se sont tellement multipliées et perfectionnées que la jouissance, pour certaines maisons, en est presque étendue à toute l'année. Néanmoins les vrais gastro-

nomes abandonnent volontiers ces productions de luxe pour déguster les produits des
jardins dans la saison où le soleil leur donne
la saveur et le sucre naturel.

Il n'en est pas de même des primeurs que
les voies ferrées nous transmettent avec rapidité des pays où elles ont été cultivées en
plein air; aussi on a pu remarquer que ce
commerce a pris à Paris un développement
considérable.

Dès janvier apparaissent les *choux-fleurs*
de Bretagne et d'Angers.

Viennent ensuite les *artichauts* de Perpi-
gnan, de Brest, d'Angers et même d'Afrique.

Tours, Orléans, Angers, Châtellerault et
Avignon fournissent, dès le mois de mars,
des quantités considérables d'*asperges*. Leurs
envois continuent jusqu'au mois de mai,
époque à laquelle les environs de Paris viennent alimenter sa consommation.

Du 15 avril au 1ᵉʳ juin Bordeaux, et après
lui Châtellerault expédient des *pois verts*.

Nous ferons aussi mention des *haricots
verts* de Bordeaux et d'Angers, ainsi que des
tomates de Marseille, que dans leur langage
pittoresque les Provençaux appellent *pommes d'amour*.

Les premières *fraises* qui paraissent viennent
d'Orléans et de Bordeaux. C'est à Brest que nous
devons les fraises dites *anglaises*, sans con-

tredit les plus savoureuses, mais qui ont malheureusement le moins de durée.

Angers fournit aussi des fraises de primeurs.

Les *cerises* n'apparaissent guère que vers le milieu ou la fin du mois de mai, suivant le plus ou le moins de précocité de la saison. Les premières qui nous arrivent sont expédiées d'Hyères, de Lyon et de Bordeaux; mais, presque en même temps, des envois plus considérables arrivent à bien moindres frais de la Touraine, du Poitou, de l'Orléanais et de la Bourgogne.

Viennent ensuite les *prunes* que la Lorraine et autres lieux nous envoient, ainsi que les *pêches* du Midi; puis les *abricots* fournis par le Lyonnais, par Marseille, Avignon, Bordeaux et Tonneins, enfin par la Bourgogne et l'Auvergne.

Du *raisin* et des *poires* viennent de Montauban, de Bordeaux, de Saint-Perray et Moissac.

La plupart de ces marchandises nous sont également expédiées, en quantités chaque jour plus considérables, de l'Algérie, où l'horticulture a fait d'immenses progrès. Le peu de frais qu'exige la culture des fruits et légumes sur cette terre féconde permet, malgré la distance, de les livrer ici à des prix d'une modicité vraiment extraordinaire.

Indépendamment de toutes les espèces que

nous avons citées, on récolte encore dans cette partie de nos colonies les *oranges*, les *citrons*, les *dattes*, les *bananes* et les *ananas*, qui viennent également alimenter notre marché.

On remarquera que, à l'exception des lentilles, les *légumes secs* ne sont jamais servis comme plats à l'entremets, à moins que ce ne soit comme accessoires, par exemple, dans quelques maisons, pour entourer un rôti.

On devra avoir soin que les plats de friture ne soient jamais présentés que sur serviette, formant fond sur le plat.

On met sur table en *casseroles couvertes*, d'argent ou de porcelaine, les entremets de légumes avec leur sauce.

Il y a des entremets dont on sert la sauce à part dans une saucière, tels que les asperges.

Entremets de Légumes.

Petits pois au beurre; autres liés de jaunes d'œufs, ou à l'anglaise, ou au lard.

Petites fèves de marais à la bourgeoise, à la Béchamel, au lard, à la macédoine, maître d'hôtel, poulette.

Haricots verts liés, maître d'hôtel, beurre noir, au jus, en salade.

Haricots blancs à la maître d'hôtel, au jus, en salade.

Lentilles, maître d'hôtel.

Chou farci, peu usité en entremets, chou en chicorée, à la crème.

Choux de Bruxelles au beurre, au jus.

Choux-fleurs sauces blanche, blonde, tomate, au jus, au beurre, frits, au gratin, au fromage, en salade.

Brocolis, espèce de choux-fleurs d'une teinte de brun foncé, meilleurs et plus en usage dans le Midi. On les prépare comme les choux-fleurs.

Artichauts sauces blanche, blonde, en fricassée de poulet, sautés, frits, farcis, à la provençale.

Chicorée blanche accommodée comme les épinards.

Laitues au jus, sauce blonde, farcie, en chicorée.

Romaine au jus.

Cardons au jus, au gratin, à la poulette.

Céleri et Céleri-Rave. Comme les cardons, frits.

Oseille en farce, avec croûtons autour.

Epinards au gras, au maigre, à la crème, en tourte de pâtisserie.

Ognons à la crème, à l'étuvée.

Asperges sauces blanche et blonde, en petits pois, à la crème, à l'huile, frites par petits bottillons.

Concombres à la maître d'hôtel, à la poulette, à la Béchamel, farcis, en salade, frits.

Aubergines et Tomates farcies.

Navets glacés, à la moutarde, au jus.

Carottes en ragoût gras ou maigre, à la maître d'hôtel, frites, à la poulette, aux fines herbes.

Salsifis (blancs) et Scorsonères (noirs) à la sauce blanche, blonde, au jus, à la poulette, à la maître d'hôtel, frits, en salade.

Pommes de terre à la maître d'hôtel, à la parisienne, à l'anglaise, à l'italienne, sauces blanche, blonde, à la crème, au lard, au vin, à la lyonnaise, à la provençale, en purée, farcies, sautées au beurre, en boulettes, en duchesse, frites, en salade.

Macédoine de légumes dite jardinière.

Truffes au naturel, au vin, en ragoût.

Champignons. Préférables pour les déjeuners, sautés, en fricassée de poulet.

Autres entremets.

Œufs mollets sur farce d'oseille ou de chicorée, sur pointes d'asperges, sur pois verts.

Omelettes diverses, au fromage, aux fines herbes, aux truffes, aux écrevisses, aux morilles fraîches.

Omelettes macédoine, omelettes de toutes couleurs.

(Voir la *Cuisinière* pour tous ces mets.)

Pâtés froids de veau, jambon, gibier, volaille.

Macaroni au gratin, en timbale.

Entremets de Poisson.

Frits : Sole, Limande, Merlan, petites Anguilles, petites Truites, Eperlans, Goujons.

En salade : Filets de Saumon, de Truite,
de Turbot, de Brochet.

Ecrevisses en buisson. On sert de même
en buissons de petits homard ou des grosses
crevettes.

Gros entremets de pâtisserie.

Pâtés froids de veau, volaille, jambon,
gibier, de foie gras, de poissons.

Entremets sucrés.

Les entremets sucrés, entremets de douceur
forment une ligne de démarcation entre la
bonne chère et la partie friande du dîner. Il
y avait ici autrefois un ralentissement, on
reprenait haleine et l'on se préparait gaiement
au dessert, plus friand et plus gai encore,
d'autant qu'il était accompagné de chansons.
Mais alors un repas durait plusieurs heures,
tandis que, dans le siècle d'affaires, de vapeur
et de chemins de fer où nous vivons, on se
dépêche en tout ce qu'on fait, et l'on trouve
qu'une heure ou une heure et demie, passées
dans la salle à manger sont tout ce que l'on
peut donner à ce genre de récréation.

Omelettes au sucre, au rhum, aux confitures, aux pommes, soufflée, aux macarons, au café, à la fleur d'oranger.

Les *entremets d'œufs*, autres que ceux cités page 91, très-convenables pour les déjeuners, ne le sont pas dans les dîners importants.

Soufflés de riz, de pommes de terre, au chocolat.

Carottes au sucre.

Compotes de poires, de pommes, de pommes et coings.

Soupe aux cerises.

Pommes meringuées, pommes au riz, pommes au beurre.

Beignets de pommes, poires, pêches; d'abricots, prunes, fraises; d'ananas.

Charlotte de pommes, charlotte russe aux pommes.

Gâteaux d'amandes, Savarin, Nantais, Baba, etc.

Plum-pudding, Plum-cake.

Puddings de cabinet et Diplomate.

Voir la *Cuisinière de la Campagne* pour un certain nombre de puddings et gâteaux, ou cakes anglais d'une exécution facile.

Roussettes et Nœuds languedociens.

Voir le même ouvrage avec les figures.

Beignets, soufflés, dits de nonnes.
Croquettes de riz, de pommes.
Crêpes et crêpes anglaises (pancakes).

Crème frite.

Gâteaux de pommes de terre, de riz, de semoule.

Tourtes ou Flans de fruits : cerises, abricots, prunes, pommes, fraises, framboises, raisins, etc. ; on ne fait pas cuire les fruits de ces trois derniers, on les dresse sur la pâte cuite et dorée, et on saupoudre de sucre ou bien on verse un sirop en gelée de groseille.

Tourtes de confitures et de frangipane.

Croûtes au madère, au kirsch, à l'ananas.

Abricots et pommes à la Condé.

Suédoise de pommes.

Pommes à la portugaise.

Pommes flambantes, pommes en île flottante, œufs aux macarons, à la neige.

Ces divers articles sont décrits dans la *Cuisinière de la campagne.*

Crèmes aux chocolat, café, thé, vanille, citron, orange et fleur d'oranger, à la rose, bachique, caramel, renversée, œufs au lait ou crèmes plus légères que l'on peut servir en petits pots.

Gelées d'entremets, moulées, aux groseilles et framboises, fraises, aux quatre fruits, en macédoine de fruits, rubanée, à la fleur d'oranger, aux rhum, kirsch, anisette, noyau, marasquin, à la vanille.

Blanc-manger.

Fromage bavarois.

DESSERT.

a partie la plus marquante du dîner, celle qui permet d'employer le plus de décoration, c'est le dessert, à cause de .a pâtisserie, dont les pièces permettent des ornements de toutes les formes, de toutes les couleurs et d'une certaine élévation. Jamais l'art de la pâtisserie n'avait été porté à un point aussi parfait et produit des résultats aussi merveilleux.

Les pièces grandes et décoratives qui garnissent le milieu de la table se placent en même temps que l'on met le couvert dans le service à la française. Elles peuvent remplir le même rôle dans le service à la russe, ou dans les services mixtes.

Les grandes décorations, dites Pièces montées, fournies par les pâtissiers habiles sont les Croquenbouches, des Nougats, des Babas, des Charlottes, des Kiosques, des Lyres, Phares, Ballons, pièces non-seulement élevées par elles-mêmes, mais encore posées sur socles en pastillages, où le sucre filé joue un rôle charmant.

On mentionnera encore toutes les sortes de pâtisseries plus ou moins décorées que l'on peut fabriquer chez soi ou recevoir du pâtissier.

Le fromage salé, dit « biscuit des buveurs », est toujours indispensable, parce qu'il sert à faire ressortir et goûter mieux les qualités précieuses des vins de dessert. Mais comme il ne parfume pas l'air par son odeur, on ne lui accorde plus de place sur la table, *on le passe* à chaque convive autour de la table, toujours accompagné de beurre.

Cet usage d'employer un mets salé entre les entremets sucrés et les sucreries du dessert est une anomalie que quelques jours on trouvera peut-être le moyen de faire cesser.

Les fromages salés ne tiendront donc pas de place sur table, et l'on y rangera avec ordre ce que l'on aura en :

Biscuits de Savoie et autres, Madeleines, Génoises ;

Gâteaux feuilletés de toutes sortes de formes ;

Brioches, Babas, Savarins, et autres de fantaisie au gré des pâtissiers, et aussi au gré des maîtres, car nous avons vu plus d'une fois des pièces de pâtisserie d'entremets servies au dessert ;

Macarons et Massepains ;

Gaufres et Echaudés ;

Meringues ;

Fromages à la crème, fromages fouettés à la Chantilly ;

Charlotte russe ;

Fruits de toutes sortes ;

Compotes de pommes, poires, coings, prunes, abricots, pêches, cerises, fraises, framboises.

Nous ajouterons à cette nomenclature les articles ci-après :

Fruits glacés selon la collection du confiseur. Fruits à l'eau-de-vie.

Pâtes d'abricots et de coings.

Salades d'orange, d'ananas.

Groseilles perlées.

Gelées, marmelades, confitures de groseilles, cerises, framboises, abricots, prunes, raisins, etc.

De plus, tous les produits de l'art du confiseur.

DÉJEUNERS.

Dans un déjeuner, qui se fait présentement à l'heure où autrefois l'on dînait, la maîtresse de maison peut présenter honorablement encore des reliefs d'un dîner précédent. Les filets de volailles figurent en salade avec sauce magnonnaise. Un carré de veau, s'il a une forme présentable, peut reparaître froid surmonté d'une gelée transparente.

D'un bon reste de fricassée de poulet, on fait une marinade frite, sous le nom de fritot ou sous celui de croquettes.

Les légumes sont ordinairement bannis de ce repas, sauf pourtant ceux qui peuvent paraître en friture. Il en est de même des mets avec sauces chaudes, à l'exception de la maître d'hôtel sous les biftecks et les rognons à la brochette.

Du reste, en famille et entre amis intimes on prend quelques licences, et l'on sert des rognons au vin, des blanquettes, etc.

C'est le vrai moment de servir les huîtres fraîches, et aussi celles en coquilles avec champignons.

Pieds de cochon Sainte-Ménéhould, en nature ou truffés.

Langues fourrées, saucissons et cervelas.

Saucisses grillées ou à la poële.

Jambon entier ou en tranches.

Fromages d'Italie, de cochon.

Hure de cochon.

Boudin noir, blanc, boudin Richelieu, Andouillettes.

Galantines de veau, de volaille, de gibier.

Grillades ou rissoles de porc frais.

Cervelles frites.

Friture mêlée à l'italienne.

Tête de veau entière, ou par parties à la vinaigrette.

Macaroni.

Pâtés froids, chauds, Vol-au-vent, petits Pâtés au jus ou en bouchées.

Terrines, Pains de viande, Timbales.

Biftecks à la maître d'hôtel.

Rognons de mouton à la brochette.

Omelettes aux fines herbes, à la Célestine, au lard ou jambon, aux rognons de veau, au thon, aux asperges, aux morilles, aux champignons, au fromage, aux écrevisses.

Œufs pochés sur farce d'oseille, au miroir, brouillés aux asperges, en matelote, au beurre noir.

On trouvera encore des articles à choisir pour les déjeuners dans les hors-d'œuvre ci-dessus et dans les entremets.

AMBIGU.

Buffets, Soupers de bals.

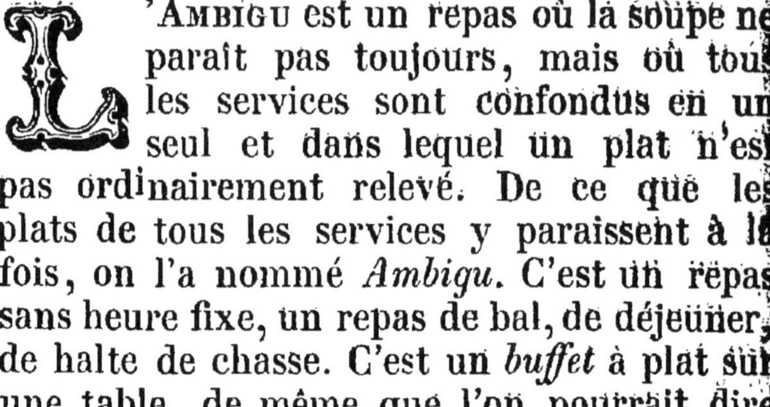

'AMBIGU est un repas où la soupe ne paraît pas toujours, mais où tous les services sont confondus en un seul et dans lequel un plat n'est pas ordinairement relevé. De ce que les plats de tous les services y paraissent à la fois, on l'a nommé *Ambigu*. C'est un repas sans heure fixe, un repas de bal, de déjeûner, de halte de chasse. C'est un *buffet* à plat sur une table, de même que l'on pourrait dire qu'un buffet est un ambigu étagé.

Un souper de bal doit être organisé comme un dîner, c'est-à-dire que l'on peut y trouver des potages, de grosses pièces de relevé, des entrées, des entremets et du dessert.

On évite l'embarras des sauces liquides, et les potages sont passés directement aux personnes qui en désirent.

S'il y a des entremets chauds, ils sont passés comme les potages et non servis sur table, où ils refroidiraient.

On pourra passer chauds encore des filets de bœuf rôti, ainsi que des volailles, faisans et perdreaux rôtis, côtelettes de mouton, petits pois.

Pièces froides pouvant servir pour soupers de bal.

En grosses pièces : Bœuf, culotte à la gelée, noix à l'écarlate, filet à la gelée, langues à l'écarlate.

Veau, longe, cuissot, le tout décoré de gelée.

Porc, Jambon à la gelée, Hures de Troyes. Pâtés froids de toutes sortes.

Galantines, Terrines, Timbales, Pain de gibier et de volaille.

Homard, Langouste, avec magnonnaise.

Sandwichs.

Saumon, Truite, Esturgeon, Cabillaud, froids, avec magnonnaise, au beurre de Montpellier.

Brochet à la gelée.

Buissons d'Ecrevisses, de petits Homards, de Crevettes, de Truffes.

Entrées froides.

Côtelettes de veau, d'agneau, de mouton, de chevreuil.

Chaud-froid de volaille et gibier.

Foie gras en tranches.

Aspics de diverses sortes.

Salades de Homard, de Langouste, de volaille, etc., etc.

Salmis de perdreaux à la gelée.

Fricassée de poulet à la gelée.

Toutes les grosses pièces de Pâtisserie trouveront ici leur place, surtout les gros Babas, et les Savarins, les grosses Brioches; les Meringues à la crème, les Gaufres.

Les gelées d'entremets, les Fromages bavarois.

Si on a le personnel nécessaire pour faire servir sur des tables où l'on sera assis, on pourra apporter de la cuisine des mets chauds, que l'on desservira à mesure que les convives auront fini et qu'il en viendra d'autres pour les remplacer.

Dans ce cas on aura toute liberté de donner des plats chauds avec sauces. On choisira dans les *entrées* et les *entremets* tels mets que l'on voudra, avec ou sans garniture. On pourra faire apporter les beignets aux ananas et aux autres fruits, des compotes, etc., etc.

DU MAIGRE.

Est-il nécessaire de donner des séries de plats pour les jours où l'Eglise ordonne de ne toucher à aucun aliment provenant de la chair des animaux?

Cela ne paraît pas utile, car il est très-facile de faire ce choix parmi les listes des mets de tous genres, et de composer un dîner où l'on n'emploiera que des légumes, du beurre et du poisson.

D'ailleurs on ne choisit pas ordinairement les jours maigres pour donner des repas où il y a des invitations; et les maisons spéciales où cela peut avoir lieu ont leurs menus à elles, appropriés à leurs usages particuliers.

Les maîtres de maison savent bien aussi composer leurs repas de manière qu'il y ait, surtout dans le carême, des plats choisis qui peuvent être offerts à quelques convives à conscience timorée. Par exemple deux sortes de potages, un gras et un maigre, quelques poissons ou entremets de légumes exempts de suspicion. — Voir ci-après les menus du service impérial.

On a aussi la ressource des *sarcelles* et des *macreuses*, oiseaux d'eau, que l'on considère comme les frères ou les cousins des poissons dont, au surplus, ils font leur nourriture.

DES VINS.

Un bon buveur a dit : « Il y a trop de vin dans le monde pour dire la messe ; il n'y en a pas assez pour faire tourner les moulins ; donc il faut le boire. »

Mais il est bien aussi d'en régler l'usage, et de ne pas verser sans ordre, à travers un dîner, ceux de différente nature. On les fera donc circuler ainsi qu'il va être rappelé à la mémoire des gourmets.

Nous avons déjà dit que ce mot *gourmet* est défini par l'Académie française, sous la seule acception de « connaisseur en vin ».

Aux ENTRÉES : Grave, Rhin, et autres vins forts avec le poisson.

Mâcon, Beaujolais, Beaune, Pomard, clos Vougeot, Chambertin, la Romanée, Côte Rôtie, l'Ermitage, St-Gilles, Tavel, etc.

Aux ENTREMETS et RÔTS : Bordeaux de tous les châteaux bordelais plus ou moins à la mode : châteaux Margaux, Laffitte, Latour, Yquem, St-Emilion, Brane-Mouton, Barsac, Ségur, Sauterne, Médoc, etc., etc.

Encore des Bourgogne : Montrachet, Meursault, clos Vougeot, Pomard, Chambertin, Volney, Nuits, etc.

Les vins de la côte du Rhône : St-Peray, Condrieux, Ermitage, etc.

Ce qui est indiqué ci-dessus, on le voit tous les jours pratiqué dans les meilleures maisons. Cependant on doit faire attention, quand on choisit les vins pour adapter au service du jour, que ceux qui doivent être servis les premiers ne doivent pas être pris parmi les sortes qui ont le plus d'arôme, car ils feraient tort ensuite aux vins de Bordeaux vieux, dont le bouquet est fin et délicat. C'est au maître à savoir connaître et apprécier ses vins, de manière à graduer les effets et les qualités.

Il doit savoir aussi que, pour que les vins soient bien dégustés, il doit se borner à n'offrir qu'un petit nombre de crus, afin que la variété n'amène pas la confusion et la satiété.

On sert le champagne en même temps que le *rôt* et jusqu'au fromage, car son emploi avec les sucreries lui ferait perdre beaucoup de son agrément.

Les oreilles de nos dames sont devenues si sensibles, qu'elles ne permettent plus le départ, et même le bruit du bouchon en leur présence. Gardons cet effet, si joyeux autrefois pour nos pères, et ne débouchons plus qu'entre amis intimes et braves !

Au DESSERT : Tous les vins sucrés et musqués.

On sait que les vins d'ordinaire sont décantés dans des carafes, mais que les qualités supérieures sont servies dans les vénérables bouteilles qui leurs conservent tout leur parfum. Les bouteilles de qualités tout à fait *extra*, les Chypre, Constance, Tokay, ne quittent pas la place et la main même de l'amphitryon.

Les vins d'ordinaire doivent être servis à une température très-fraîche.

Les Bordeaux se boivent à la température de la salle à manger, ainsi que les vins forts, tels que le Tavel, le Porto et les vins de liqueur.

Les vins de Bourgogné sont servis à la température de la cave ou à peu près.

Le Champagne seul aime à être frappé de glace.

NOTA. Dans notre *Almanach des Gastronomes* de 1854, nous avons donné sur le Service de la Table et des Soirées des détails qui n'auraient pu trouver place dans le présent petit volume. Les personnes désireuses de prendre connaissance de cet article en seront quittes pour une dépense de 50 c. ou 65 c. *franco*, en timbres-poste.

DES MENUS.

Indépendamment des listes que nous venons d'établir et qui pourront servir à composer des *menus*, nous en donnerons aussi quelques-uns très-modernes établis pour de grandes maisons. Il est fâcheux de dire qu'ils indiquent des mets qui ne sont pas généralement connus, et qui souvent nous ont été servis sans que nous y ayons fait grande attention ou qui se sont échappés de notre mémoire.

Il ne sera pas toujours possible de mettre en usage de tels menus quand on n'aura pas sous la main un cuisinier habile à les composer d'après des notes tirées de son portefeuille, car la plupart n'ont jamais été imprimés.

Il faut dire aussi que jamais on n'a eu la manie de forger des noms comme à présent, et que beaucoup sont des rhabillages. Ainsi, des mets que Carême, le grand cuisinier du premier tiers de ce siècle, avait intitulés de noms illustres, sont décorés à présent du nom d'une danseuse. On voit jusqu'aux merlans à la Orly, qui sont devenus les filets de merlans Déjazet, etc.

Que l'on juge de la difficulté où l'on peut se trouver quand on lit dans les nouvelles nomenclatures les noms suivants, rien que pour désigner seulement les filets de sole.

Filets de sole. — A la Mogador, à la Siméon, — à la Tourville, — à la Maréchale, — à la Baudin, à la Vénitienne !

On a assez de peine à se tirer d'affaire quand on voit que déjà, au commencement du siècle, on désignait sous le nom de

VILLEROY, des filets de volaille ou de perdreau frits dont le vrai nom était tout simplement : *fritot.*

Le Poulet ou la Poularde à la GODARD est une volaille *farcie* avec truffes. Cette volaille doit être et est par tout le monde désignée sous le nom de *volaille farcie et truffée.*

Les simples *escalopes de volailles*, si on les pique avec des truffes, se nomment filets à la MONGLAS.

Sous le nom de SINGARA on sert les mêmes escalopes entremêlées de langues à l'écarlate et de croûtons.

Nous lisons sur un devis ROATSBEEF DE CHEVREUIL. Ce mot signifie *bœuf rôti ;* ainsi comprendra-t-on *un bœuf rôti de chevreuil ?*

Croira-t-on que le célèbre Carême lui-même, parmi ses mets, indique un aspic de CERVELLE de FAISAN ? Et ce plat pour une table de quarante couverts. (Tome I, page 414.) Dans le même menu, il fait figurer de simples pommes de terre *à la lyonnaise.*

On lit dans un menu imprimé *faisan braisé*

aux racines. Conçoit-on que l'on puisse *braiser* un faisan, préparation qui lui fait perdre toute la richesse de son fumet, et qu'on l'entoure de vulgaires carottes?

Nous engagerons les maîtres et maîtresses de maison à faire écrire le menu de leur dîner, pour le distribuer aux convives toutes les fois qu'il sortira de l'ordinaire et des habitués de la maison. Ceci s'applique surtout aux repas où tous les plats ne sont pas servis sur table, et, en particulier, au service *à la russe* ou autre service mixte.

Il faut avoir pitié du convive qui, par ignorance de ce qui doit être servi, satisfait son appétit sur les premiers plats et se voit ensuite obligé ou de se priver de ce qu'il aime, ou de gagner une fatale indigestion.

Un grand et magnifique ouvrage a été mis au jour il y a quelques années; il contient des recettes sous des noms très-nouveaux, mais il est fait seulement pour les praticiens et ne peut être bien compris que par eux.

Voici un modèle de carte de menu imprimé pour un dîner du 24 février, chez un des plus hauts fonctionnaires de Paris. La table est de quatre-vingts couverts hommes, mais elle ne reçoit que cinquante convives quand il s'y trouve compris une certaine quantité de dames ornées de leurs robes à paniers, cerceaux ou crinolines.

On pourra remarquer que le nom du vulgaire haricot est flageolet. On sait que le mot *suprême* est une illusion, ainsi que l'a défini de bonne foi Carême. Le *pudding diplomate* est nommé ici CRÈME DIPLOMATIQUE. La *sole en matelote normande* est indiquée FILET de SOLE A LA NORMANDE.

Les vins de Bordeaux ont des noms à la mode.

On ne voit qu'un seul plat de boucherie.

DINER DU 20 FÉVRIER.

POTAGES.

A la Crécy. A la purée de volaille.

RELEVÉS.

Turbots, sauce hollandaise. Faisans à la Toulouse.

ENTRÉES.

Filets de sole à la normande. Filets de bœuf à la provençale.

Sarcelles aux olives. Suprême de volaille.

Esturgeon, sauce tomates. Jambons d'York à la jardinière.

Sorbets italiens.

RÔTS.

Éperlans frits. Dindes truffées.

Saumon, sauce magnonnaise. Pâté de foies gras.

ENTREMETS.

Truffes au champagne.	Artichauts à l'italienne.
Flageolets à la maître d'hôtel.	Suprême de poires.
Crème diplomatique.	Gâteau Malakoff.

DESSERT.

Fruits, Ananas, Compotes, Pâtisseries, etc.

VINS.

Madère frappé.	Château d'Yquem frappé.
Château-Latour.	Romanée.
Kirwan-Cantenac.	Chambertin.
Rudesheimer.	Xérès.
	Champagne frappé.
Château-Larose.	Château-Léoville.
	Porto.

On voit souvent figurer dans les menus à la mode le Gateau napolitain. C'est une pièce de savante pâtisserie dite Pièce montée, avec fruits confits.

L'excellent Beurre de Montpellier que l'on cite souvent dans les menus est le beurre de couleur olive qui sert à décorer et soutenir les *pièces froides* entières ou composées de volailles et poissons.

LA SIMPLICITÉ DANS LA GRANDEUR.

Présentement, on va faire passer sous les yeux des ordonnateurs de dîners ceux qui sont servis à la table où figurent les personnages les plus considérables.

Chacun pourra juger à sa manière de la composition de ces festins servis tantôt pour un nombre restreint de convives, et d'autres fois pour une quantité plus importante.

Le moindre service est toujours de six entrées, mais dans ce cas il y a répétition des mêmes plats, qui sont souvent de deux semblables et quelquefois de quatre, ce qui porte le nombre à douze ou à vingt-quatre pour les *Entrées* et autant pour les Entremets; le service *à la française* suivi rigoureusement.

On peut juger que le faste des noms et des nouveautés a fait place à la simplicité sanitaire, et que l'excellence de l'exécution distingue seule la première table de France.

Que chacun de nous en fasse autant, et suive un si bon exemple, sans torturer son imagination pour se distinguer par une bizarrerie fastueuse qui ne tourne nullement au profit de l'estomac.

DINER DU SAMEDI 18 JANVIER 1864.

POTAGES.

Purée de pois verts.   A la Julienne.

GROSSES PIÈCES. (*Relevés.*)

Saumon à l'Écossaise.   Jambon aux épinards.

ENTRÉES.

Vol-au-vent à la Toulouse.
Côtelettes de mouton aux pointes d'asperges.
Poulardes à la créole.
Petits filets en chevreuil.
Petites galantines à la parisienne.
Buisson d'écrevisses.

Hors-d'œuvre : Croquettes de volaille.

RÔTS.

Lapereaux piqués.   Canetons de Rouen.

ENTREMETS.

Fonds d'artichauts frits.
Chicorée aux croûtons.
Petits pois à la paysanne.
Gâteaux mille feuilles Pompadour.
Gelée à l'orange.
Eclairs au café.

DINER DU 3 MARS 1864.

POTAGES.

Printanier à la Régence.   Au tapioca.

GROSSES PIÈCES. (*Relevés.*)

Turbot à la hollandaise.   Jambon aux épinards.
Filet de bœuf à la chipolata.

ENTRÉES.

Côtelettes d'agneau, épigramme à la purée
de céleri.
Poularde à la Cussy.
Vol-au-vent à la Toulouse.
Pâtés de foies gras de Strasbourg.

Hors-d'œuvre : Ravioles à la Russe.

RÔTS.

Train de chevreuil.   Faisan.

ENTREMETS.

Artichauts sautés au madère.
Asperges en petits pois.
Haricots flageolets.
Chicorée aux croûtons.
Gelées d'oranges.
Corbeilles de fruits à la parisienne.
Buissons de meringues.
Biscuits Plombière à la Sultane.
Nougats à la parisienne.
Gelées de Dantzig à l'orientale.

DINER DU DIMANCHE 5 JUIN 1864.

POTAGES.

Printaniers.   Aux Nouilles, à l'italienne.

GROSSES PIÈCES. (*Relevés.*)

Truite à la Chambord.   Pièce de bœuf jardinière.
Train d'agneau aux pommes de terre sautées.

ENTRÉES.

Noix de veau à la chicorée.
Langues de moutons purée de pois verts.
Timbales de foies gras à la Périgueux.
Côtelettes de chevreuil sautées.
Fricassée de poulet chaud-froid.
Salades de homard à la russe.

Hors-d'œuvre :   *Rissoles à la russe.*

RÔTS.

Lapereaux.   Chapons au cresson.

ENTREMETS.

Haricots verts maître d'hôtel.
Choux-fleurs.
Fonds d'artichauts au suprême.
Charlottes russes au thé.
Plum-pudding à l'Anglaise.
Gelée à l'orange.

———————

DINER DU LUNDI 13 JUIN 1864.

POTAGES

Pâtes d'Italie.   Jardinière aux œufs pochés.

GROSSES PIÈCES. (*Relevés.*)

Turbot à la hollandaise. Pièce de bœuf jardinière.
Jambon aux épinards.

ENTRÉES.

Côtelettes d'agneau épigramme, Soubise.
Poulardes à la turque.
Côtelettes de gibier à la Richelieu.
Timbales à la la Vallière.
Aspics en belle vue.
Buisson d'écrevisses.

Hors-d'œuvre :   Petites bouchées à la reine.

RÔTS.

Longe de veau.   Chapons au cresson.

ENTREMETS.

Asperges en branche.
Chicorée aux croûtons.
Charlottes russes aux abricots.
Gâteaux viennois.
Gelée macédoine au champagne.

DINER DU MARDI 14 JUIN 1864.

POTAGES.

Aux nouilles, à l'italienne.   Printanier.

Hors-d'œuvre :   *Croquettes de volaille.*

GROSSES PIÈCES. (*Relevés.*)

Truites à la Chambord. Filets de bœuf à la jardinière
* (*Bœuf à la mode*).

ENTRÉES.

Langues de mouton à la chipolata.
Poulardes à la Périgueux.
Côtelettes de pigeon, purée de pois verts.
Ris de veau piqués à la financière.
Noix de veau à la gelée.
Salade de filets de sole.

RÔTS.

Train d'agneau.   Canetons de Rouen.

ENTREMETS.

Petits pois à la paysanne.
Artichauts frits.
Haricots verts à la maître d'hôtel.
Profiteroles * au chocolat.
Plum-pudding à l'anglaise.
Gelée macédoine de fruits au champagne.

* Profiterolles : petits pains creusés, remplis de crème
et mis au four.

DÉJEUNER* DU MERCREDI 15 JUIN 1864.

GROSSES PIÈCES.

Morue à la maître d'hôtel.
Beefsteacks aux pommes de terre.

ENTRÉES.

Côtelettes de veau à la viennoise, à la chicorée.
Pieds de mouton à la poulette.

RÔTS.

Gigot rôti.   Poulets à la gelée.

ENTREMETS.

Nouilles au gratin.
Salade de légumes.
Darioles à la vanille.
Petits babas.

* Noter que ce DÉJEUNER est servi dans le même ordre qu'un dîner A LA FRANÇAISE.

DINER DU JEUDI 16 JUIN 1864.

POTAGES.

A la bourgeoise.   Purée de Crécy au riz,

GROSSES PIÈCES. (*Relevés.*)

Filets de sole à la Cussy.   Rosbif à l'anglaise.
Noix de veau à l'oseille. (*Fricandeau.*)

ENTRÉES.

Côtelettes de mouton à la chicorée.
Timbales de riz.
Pâtés chauds à la financière.
Crépinettes de volaille à la Montmorency, pointes
   d'asperges.
Foies gras en chaud-froid.
Côtes de bœuf à la gelée.

Hors-d'œuvre :   *Rissoles à la russe.*

RÔTS.

Train d'agneau.   Canetons de Rouen.

ENTREMETS.

Petits pois à la paysanne.
Choux-fleurs.
Epinards aux croûtons.
Biscuits aux amandes, au chocolat.
Pudding de cabinet, sauce à l'anglaise.
Gelée de Dantzig à l'orientale.

DINER DU VENDREDI 17 JUIN 1864.

POTAGES.

Riz aux herbes liées.   Printanier aux quenelles.

GROSSES PIÈCES. (*Relevés.*)

Turbot à la hollandaise. Pièce de bœuf à la jardinière.
Longe de veau aux laitues.

ENTRÉES.

Côtelettes d'agneau épigramme, purée de pois
verts.
Timbales de nouille en escalopes (maigre).
Côtelettes de gibier à la Richelieu.
Tête de veau en tortue.
Chaud-froid de volaille.
Salades à la russe.

*Hors-d'œuvre : Petits boudins de merlans à la
Montmorency.*

RÔTS.

Soles frites.   Chapons au cresson.

ENTREMETS.

Asperges en branches.
Haricots verts maître d'hôtel.
Charlotte russe aux fraises.
Tourtes aux cerises.
Nougats à la parisienne.

DINER DU LUNDI 20 JUIN 1864.

POTAGES.

Orge à l'écossaise.   Printanier aux œufs pochés.

GROSSES PIÈCES. (*Relevés.*)

Truite à la Chambord.   Pièce de bœuf aux choux.
Gigots braisés de sept heures.

ENTRÉES.

Noix de veau piquée à la chicorée (*Fricandeau*).
Poulardes à la Périgueux.
Vol-au-vent à la Toulouse.
Canetons aux olives.
Aspics en belle vue.
Buisson d'écrevisses.

Hors-d'œuvre :   Petits cromesquis.

RÔTS.

Train d'agneau.   Chapons au cresson.

ENTREMETS.

Asperges en branches.
Navets glacés.
Plum-pudding à l'anglaise.
Meringues à la Chantilly.
Gelée macédoine de fruits au champagne.

———

DINER DU JEUDI 23 JUIN 1864.

POTAGES.

A la bourgeoise.   Purée de pois verts au riz.

GROSSES PIÈCES. (*Relevés.*)

Turbot à la hollandaise.   Noix de veau à la jar-
                             dinière.

ENTRÉES.

Côtelettes d'agneau épigramme purée de navets.
Poulardes au riz à la turque.
Timbales à la milanaise.
Purée de gibier à la polonaise.
Petites galantines à la gelée.
Salades de filets de sole à la russe.

Hors-d'œuvre :   *Petits pâtés au naturel.*

RÔTS.

Lapereaux.   Canetons de Rouen.

ENTREMETS.

Fonds d'artichauts frits.
Epinards aux croûtons.
Petits pois à la française.
Charlotte russe au thé.
Plum-pudding à l'anglaise.
Gelée à l'orange.

DINER DU VENDREDI 24 JUIN 1864.

POTAGES.

Riz aux herbes liées.   A la Montmorency.

GROSSES PIÈCES. (*Relevés.*)

Truite à la genevoise.   Pièce de bœuf aux choux.

ENTRÉES.

Tête de veau en tortue.
Vol-au-vent de quenelles de merlan à la véni-
  tienne.
Canetons aux olives.
Petits filets de chevreuil.
Filets de poularde en belle vue.
Buisson d'écrevisses.

Hors-d'œuvre :   Rissoles à la Russe.

RÔTS.

Soles frites.   Chapons au cresson.

ENTREMETS.

Asperges en branches.
Choux-fleurs.
Haricots verts à la maître d'hôtel.
Pêches au riz.
Biscuits à la macédoine.
Tourtes aux cerises.

DINER DU SAMEDI 25 JUIN 1864.

POTAGES.

En tortue.   Printaniers.

GROSSES PIÈCES. (*Relevés.*)

Turbot à la hollandaise.   Rosbif à l'anglaise, pommes de terre sautées.

ENTRÉES.

Langues d'agneaux à la Soubise.
Timbales de riz.
Côtelettes de mouton aux pointes d'asperges.
Boudins de gibier à la Richelieu.
Foies gras en chaud-froid.
Darnes de saumon à la ravigote.

Hors-d'œuvre : Petits boudins à la Montmorency.

RÔTS.

Train d'agneau.   Chapons au cresson.

ENTREMETS.

Choux-fleurs sauce au beurre.
Chicorée aux croûtons.
Petits pois à la française.
Gâteaux mille feuilles Pompadour.
Paniers d'abricots à la parisienne.
Nougats à la parisienne.

DINER DU DIMANCHE 26 JUIN 1864.

POTAGES.

A la jardinière aux œufs
pochés. (*Colbert.*)   Aux pâtes d'Italie.

GROSSES PIÈCES. (*Relevés.*)

Turbot à la hollandaise.   Jambon aux épinards.
Gigot braisé de sept heures.

ENTRÉES.

Côtelettes d'agneau aux pointes d'asperges.
Poulardes à la Périgueux.
Ris de veau à la chipolata.
Vol-au-vent à la Toulouse.
Fricassée de poulet chaud-froid.
Salade à la Russe.

Hors-d'œuvre :   *Petits pâtés au naturel.*

RÔTS.

Longe de veau.   Canetons de Rouen.

ENTREMETS.

Chicorée aux croûtons.
Haricots verts sautés.
Fonds d'artichauts à la maître d'hôtel.
Biscuits aux amandes, au chocolat.
Pudding de cabinet.
Gelée macédoine de fruits au champagne.

DINER DU MARDI 28 JUIN 1864.

POTAGES.

A la Régence.

Purée de pois verts aux croûtons.

GROSSES PIÈCES. (*Relevés.*)

Turbot à la hollandaise.

Pièce de bœuf à la jardinière.

ENTRÉES.

Noix de veau à la chicorée. (*Fricandeau.*)
Timbales de foies gras.
Poulardes au riz à la turque.
Crépinettes à la Montmorency.
Côtelettes de mouton braisées jardinière, froides.
Buisson d'écrevisses.

Hors-d'œuvre :   *Croquettes de volaille.*

RÔTS.

Train d'agneau.

Canetons de Rouen.

ENTREMETS.

Asperges en branches.
Navets glacés.
Pots de crème au chocolat.
Gelée à l'orange.
Gâteaux moka.

DÎNER DU JEUDI 30 JUIN 1864.

POTAGES.

En tortue.   À la bourgeoise.

GROSSES PIÈCES. (*Relevés.*)

Turbot à la hollandaise.   Pièce de bœuf aux choux
Gigots braisés à la chicorée.

ENTRÉES.

Langues de moutons à la chipolata.
Poulardes aux pointes d'asperges.
Côtelettes de gibier à la Richelieu, au fumet.
Timbales de nouilles à l'escalope.
Suprême de filets de volaille en belle vue à la
    gelée.
Salades de filets de sole.

Hors-d'œuvre :   *Petits pâtés au naturel.*

RÔTS.

Longe de veau.   Canetons de Rouen.

ENTREMETS.

Petits pois à la française.
Choux-fleurs.
Haricots verts à la maître d'hôtel.
Charlotte russe aux fraises.
Petits gâteaux punch.
Pudding de cabinet.

DINER DU MARDI 5 JUILLET 1864.

POTAGES.

A la Julienne.   Au tapioca.

GROSSES PIÈCES. (*Relevés.*)

Turbot sauce au homard.   Gigot de mouton braisé.
Filet de bœuf à la milanaise.

ENTRÉES.

Côtelettes d'agneau épigramme chicorée.
Casseroles de riz à la Toulouse.
Suprême de volaille aux truffes.
Côtelettes de pigeon aux pois.
Salades de filets de soles.
Galantine à la gelée.

Hors-d'œuvre : Petites bouchées à la reine.

RÔTS.

Lapereaux.   Poulardes au cresson.

ENTREMETS.

Haricots verts sautés.
Epinards aux croûtons.
Quartiers d'artichauts à l'italienne.
Charlotte russe aux fraises.
Pudding de cabinet au madère.
Biscuits portugais glacés.

DINER DU SAMEDI 9 JUILLET 1864.

POTAGES.

Purée de pois au riz.   Aux pâtes d'Italie.

GROSSES PIÈCES. (*Relevés.*)

Turbot sauce au homard.   Noix de veau à la jardinière.
Rosbif à l'anglaise, purée de pommes de terre.

ENTRÉES.

Tête de veau en tortue.
Côtelettes de gibier.
Timbales de riz.
Selle de chevreuil sauce poivrade.
Buisson d'écrevisses.
Chaud-froid de volaille.

Hors-d'œuvre : Petites bouchées aux huîtres.

RÔTS.

Train d'agneau.   Poulets au cresson.

ENTREMETS.

Petits pois à la française.
Epinards aux croûtons.
Artichauts au naturel.
Meringues à la Chantilly.
Mazarines au madère.
Gelée de fruits au marasquin.

NOVEMBRE (Brumaire).

MOIS DES BRUMES OU BROUILLARDS.

Chez les Romains Novembre était sous la protection du dieu MARS.

Ce mois, dans l'ancienne France, donnait le signal de la rentrée à la ville. On jugeait que les pluies et les gelées, la chute des feuilles devaient éloigner des champs et rapprocher de la ville pour fêter la Saint-Martin.

A présent, tout est changé : on part plus tard pour la campagne, et l'on en revient dans l'hiver. Le plaisir de la chasse et..... la mode font trouver du charme dans le séjour des champs, malgré les éléments déchaînés.

La TOUSSAINT, 1er du mois, est une fête toute religieuse qui réunit les familles, sans idée avouée de gastronomie.

Le 2, fête des âmes, fête dite *des morts*,

est encore moins joyeuse, et cependant les visites aux cimetières sont ordinairement suivies de visites chez les restaurateurs voisins. Autrefois les marchandes de châtaignes peuplaient si bien les voies qui mènent aux cimetières que l'on aurait pu se dire à la fête des châtaignes.

Le 3 nous porte à la dévotion envers saint HUBERT, vénérable évêque de Liége. Ce jour-là les chasseurs se réunissent, font une grande chasse et un plus grand dîner. Pourquoi?

D'abord c'est que, dans sa jeunesse et avant d'avoir renoncé aux vanités du monde, Hubert avait une vive passion pour le noble exercice de la chasse. En second lieu, le saint évêque a fait beaucoup de miracles, et on l'invoquait en particulier pour la rage..... Partant de ce fait que les chiens sont sujets à cette terrible maladie, les chasseurs se sont adressés à lui pour les protéger, ainsi que leurs meutes, et sans doute aussi leur gibier.

Ce mois était célèbre naguère, le 9, par la fête de saint MARTIN, que plus d'un gastronome ne connaît plus que par tradition; hélas! tout dégénère en ce monde, et les saints s'en vont... les saints gourmands, du moins! Longtemps à l'avance on se préoccupait du festin que l'on ferait à la saint Martin; on en dressait le menu en espérance, au souvenir de celui de l'an passé. Alors la reine de ce

repas fameux était une oie; mais le fier dindon, intronisé en Europe par des mission-
naires jésuites, au milieu du xvie siècle, a
détrôné le pauvre volatile dont la chair est
moins délicate; le grand saint Martin lui-même
est déchu et relégué avec ingratitude au rang
des saints ordinaires; mais, en bon chrétien,
il se venge en faisant le bien : l'été de la
Saint-Martin résume toute sa colère.

L'origine du festin de la Saint Martin est
fort ancienne; en voici l'histoire.

L'AVENT (*adventus*, arrivée, venue) est le
temps qui précède la solennité de l'avéne-
ment du Christ, c'est-à-dire Noël; il com-
mençait le dimanche qui suivait immédiatement la fête de saint Martin. Les fidèles se
préparaient durant ces six semaines, par
l'abstinence de chair trois jours par semaine,
à la célébration de la Nativité; les noces
aujourd'hui encore sont interdites par l'Eglise
pendant l'avent. Pour se disposer à l'obser-
vance de ce second carème, on festoyait le
jour de saint Martin, comme on le fait encore
dans les jours gras qui précèdent le mercredi
des Cendres. Le réveillon terminait digne-
ment cette époque d'abstinence. L'avent a
été réduit par l'Eglise il y a plusieurs siècles;
il commence actuellement au dimanche le plus
proche de la Saint-André, 30 novembre. Néanmoins, le festin de la Saint-Martin avait sur-
vécu à ce changement, et il n'a perdu de son

importance que par l'effet de la Révolution française.

Le 22 les musiciens se réunissent et fêtent leur patronne sainte Cécile, qu'ils assurent avoir été musicienne, ce qui n'est pas prouvé du tout. Ce qu'on sait, c'est qu'elle était Romaine, qu'elle fut mariée par ses parents à un jeune homme du nom de Valérien, et qu'elle le convertit le premier jour même de ses noces.

Toujours est-il que les musiciens sont parfaitement *d'accord* pour célébrer le jour consacré à leur sainte, par de grandes solennités musicales.

Le 25 est consacré à sainte Catherine. Aucune fête n'est attendue avec autant d'impatience, et célébrée avec plus de joie, car c'est celle des demoiselles de toutes les nationalités chrétiennes, soit de l'Église grecque, soit de l'Église latine, et même des hérétiques, qui l'ont conservée dans leur calendrier. Une dévotion si générale ne peut être appuyée que sur un mérite extraordinaire et sur des actions du plus grand éclat. En effet elle reçut la plus brillante éducation, dont elle augmenta le mérite par sa modestie.

La fête de sainte Catherine est un grand jour pour la pâtisserie et les sucreries.

Quoi qu'il en soit de la fête de saint Martin, et en la supposant même abandonnée, ce qui n'est vrai qu'en partie, les occasions ne manquent jamais de faire comme autrefois des *ripailles*, dans la saison d'hiver surtout. Et, comme les deux gros volatiles dont nous venons de parler ont atteint leur état parfait, et que leur chair perdrait bientôt en tendreté, ils sont les bienvenus et reçus par les heureux du jour comme pièces de remplissage à table; par les fortunes modestes, comme régal d'importance.

Les recommandations que nous avons à faire ici sont les mêmes qu'en octobre : dans le règne animal, habitants des eaux comme animaux terrestres, tout abonde.

Nous mentionnerons seulement, pour ceux qui peuvent s'approvisionner dans les villes, qu'ils feront bien de compter particulièrement sur ce mois pour garnir leurs broches de Faisans.

En effet, ils ont acquis tout leur embonpoint et leur fumet, mais en outre c'est le temps où ils arrivent en bataillons de la Bohême et de l'Écosse, ce qui leur donne double mérite : la qualité et le bon marché. Les gastronomes sans faste, qui aiment ce roi du gibier à plumes, préféreront la poule au coq-faisan, parce qu'elle est plus tendre, beaucoup de gens ne sachant pas rendre justice aux bonnes qualités du sexe féminin en général. Par l'effet de ce préjugé, les marchands baissent un peu son prix.

Avant la révolution de 89, la haute aristocratie jouissait seule de cet oiseau du Phase, peu connu du populaire, mais alors est arrivé un fait singulier, c'est que ce même populaire a voulu goûter aux jouissances des grands, et après qu'il y a eu goûté, il n'en restait plus sur le sol de la France. Il avait agi comme l'homme de la fable avec la poule aux œufs d'or.

Depuis ce temps les faisanderies ont été rétablies et peuplées, puis les chemins de fer apportant l'oiseau de tous les pays les plus éloignés, on a pu jouir pour 4 francs, 5 francs et 6 francs d'un superbe coq, ou d'une superbe poule faisane.

Le mois de novembre est connu pour la chasse aux alouettes dans les temps de brouillard. Il est fâcheux que l'on dépeuple tous les jours davantage nos campagnes de ces charmantes chanteuses, qui par conséquent se raréfient pareillement sur nos tables.

C'est le moment du triomphe des huîtres, médiocres en septembre, souvent gelées en janvier et février. Les truffes parfument les cuisines opulentes. On garnit ses hors-d'œuvre de crevettes, de thon, sardines, anchois, olives, cornichons, et l'on commence à prendre goût aux pâtisseries et aux fritures.

Le modeste hareng étale sur nos marchés

son habit de brocart d'argent, dont l'éclat n'a pas été un instant terni, grâce à la vapeur rapide. Les petites bourses n'en jouissent pas encore pourtant, car selon l'expression banale, par allusion à la cherté d'un objet, « il est *salé* ». Rempli de laitances et d'œufs, les gastronomes ichthyophages sont loin de le dédaigner.

Dans le jardin nous avons encore des potirons, topinambours, lentilles, salsifis, céleri, mâches, betteraves et ce qui reste du mois précédent.

Excepté les marrons, avant-coureurs des frimas, nous n'avons en fait de fruits nouveaux que ceux qui, cueillis précédemment, ont mûri dans le fruitier.

Cependant les oranges viennent nous consoler un peu de l'absence des fruits rouges, et l'on entame les pots de confitures à côté des châtaignes et des marrons.

Les soins des dames doivent se concentrer sur les provisions de toutes les friandises, doux appendices des soirées comme des desserts.

En attendant le mardi gras, fête des pâtes frites, faites essayer déjà, « dames de châteaux ou de maisons de campagne », les crêpes, les beignets, bugnes, beignets soufflés; faites des gâteaux selon le talent de vos aides, des soufflés, des omelettes au rhum, des charlottes, des pommes au beurre et au riz, des blancs-mangers et des crèmes. Le froid facilite la confection des crèmes fouettées et des gelées d'entremets.

N'oubliez pas que les conserves de fruits en bouteilles servent en hiver à garnir les flans ou tourtes de fruits, ainsi qu'à remplir les compotiers comme en pleine saison *.

Saisissez le moment où les bigarades sont encore vertes et arrivent à Paris, pour faire du curaçao. Le bon curaçao n'est pas commun et se vend très-cher. Il faut apprendre à le faire soi-même d'après notre recette (*Cuisinière de la campagne*), c'est la seule qui puisse réussir sans alambic. On en fait de doux pour les dames en employant moitié moins de zeste. C'est aussi le temps de faire des liqueurs de toute sorte, d'après les mêmes prescriptions.

Nous vous engageons à porter votre attention sur la recette suivante.

Essence d'orangeade. Au lieu de perdre les écorces d'oranges, enlevez-en les zestes, que vous mettez dans l'alcool, où ils baigneront. Laissez macérer un mois, plus ou moins. Tirez au clair et remettez macérer encore de nouveaux zestes, si vous en avez, ce qui doublera l'arome. Versez quelques gouttes de cette essence dans un verre, sucrez, et

* Voir page 199 pour un nouveau procédé de conservation.

vous avez une très-bonne boisson pour soirées, ou une *essence pour punch*. — On peut opérer de même avec les *citrons*. On fait avec cette essence du punch en cinq minutes, sans autre chose que du sucre et du rhum ou de l'eau-de-vie. Si on y joint des zestes de ces petites oranges que l'on appelle *mandarines*, on jouira du plus délicieux parfum.

DÉCEMBRE (Frimaire).

MOIS DES FRIMAS.

Sous la protection de VESTA, mère des dieux. Chez les Romains on fêtait les *Saturnales* depuis le 17 jusqu'au 22.

ue vous indiquerons-nous, chers gastronomes, pour ce mois, en fait de jours consacrés aux *galas?*

Le 1ᵉʳ, les artistes en métaux travaillés au marteau fêteront saint ELOI, leur patron.

Le 4, sainte BARBE accueille les vœux et réjouissances des artilleurs, des arquebusiers, artificiers, mineurs, pompiers, marins; puis encore ceux, en particulier, des hommes et des femmes mariés. Pourquoi ces deux dernières classes? — Sainte Barbe, vierge et martyre!

Le 6, il y a plus de quoi rire, c'est la fête des garçons dont saint NICOLAS est le patron.

Il ne nous est plus donné de faire l'éloge gastronomique de décembre: RÉVEILLON est mort,

Réveillon n'est plus. Cette fête est passée à l'état de mythe, comme le festin de la Saint-Martin. Le tranquille bourgeois de Paris qui va à la messe de minuit revient bien prosaïquement se coucher après s'être restauré d'une soupe, et si quelque chose peut lui rappeler encore le réveillon d'autrefois, c'est, à Paris du moins, le bruit d'une bande joyeuse d'étudiants parcourant les rues et qui le *réveille* en sursaut. Nous ne pouvons que former le vœu, bien stérile peut-être, de voir renaître ces repas fameux de nos pères, comme aussi nous avons l'espoir que saint Mardi gras ne sera pas négligé, puisque c'est le seul qui soit fêté consciencieusement dans ce siècle d'ingratitude et d'oubli pour les traditions patriarcales.

En Angleterre et en Allemagne, le jour de Noël est celui des étrennes, et répond sous ce rapport à notre premier janvier.

Avant le concordat, il y a soixante ans, ce mois pouvait être appelé celui des désœuvrés, car dans la série du 24 jusqu'au 7 janvier, c'est-à-dire quinze jours, il y en avait dix qui étaient fériés et chômés. Perte en ce temps-là pour les manufactures, réjouissance chez les marchands de vin!

Si vous voulez, ô lecteurs, que je vous dise ce qu'il y a à servir sur vos tables, et sur les buffets de bals, car rien ne vous empêchera de danser, vous pourrez jouir de ce qui vous a déjà régalés abondamment en octobre et en novembre.

En outre, comme les truffes sont dans leur prospérité, les pâtissiers des bonnes villes de productions vous envoient : de Strasbourg les pâtés de foies d'oies, de Toulouse ceux de foies de canards, de Périgueux ceux de perdreaux, enfin les célèbres terrines de foies gras et de canards de Nérac.

Autrefois les fortes gelées de décembre et janvier interrompaient les jouissances des gastronomes, mais à présent la vapeur n'oblige plus tous ces produits à s'exposer pendant cinq ou six jours aux frimas.

On ne récolte plus, en pleine terre, que des choux de Bruxelles et autres; les salsifis, mâches, épinards, cerfeuil, persil. Mais on a pour tout l'hiver la serre à légumes où l'on trouve le céleri à employer cru ou cuit, les topinambours, potirons, tomates conservées, pommes de terre, patates, betteraves, cardons. La barbe de capucin, semée en avril et plantée en novembre à la cave, est bonne à servir.

C'est le moment de faire usage des pois, haricots verts et blancs conservés dans des boîtes de fer-blanc.

Ajoutez à vos desserts, mesdames, des figues, des raisins de Malaga et de délicieuses salades d'oranges, qu'au besoin vous remplacerez par des tranches de poires fondantes bien marinées dans le rhum ou l'eau-de-vie édulcorée de sucre en poudre. Les espèces de fruits d'été dont l'existence est terminée sont remplacées par de bonnes confitures et par des conserves en bouteilles.

L'année finit, suivant le calendrier, mais janvier et février vont ouvrir plus que jamais les portes des salles à manger et souffler le feu des fourneaux culinaires.

PARTIE D'HIVER.

JANVIER (Nivôse)

Placé par les Romains sous la protection de Junon.

Mois des *neiges* dans le calendrier des républicains, qui avaient supprimé entièrement la *Circoncision*, les étrennes, les bonbons et les embrassements, pour reporter tout cela aux *Sans-culottides*, noms des jours complémentaires en septembre. On voit que messieurs les sans-culottes craignaient les neiges pour faire leurs visites.

Pour nous autres chrétiens, mieux étoffés, le premier jour de l'année est une fête de l'Église qui nous donne l'occasion de la bien inaugurer.

'année s'ouvre, et la *journée du 1ᵉʳ janvier*, qui commence par des étrennes, se termine dans toutes les familles par un banquet où éclatent les splendeurs sucrées de l'art du confiseur.

Janvier, qui fait palpiter tant de cœurs, est digne d'être le premier par les époques appétissantes et solennelles qu'il ramène.

10

Sans parler encore de la fête de la patronne de Paris, les étrennes, les Rois et la Saint-Antoine sont trois fêtes d'une antiquité vénérable. Elles réunissent tous les mystères de l'art, celui de la préparation du cochon qui se mêle à tout, celui si brillant du confiseur et celui si varié, si sucré, si coloré, si doré du pâtissier.

Outre la *Circoncision*, le 1er janvier honore saint Fulgence, dont le nom signifie *brillant ;* saint Odilon, qui signifie *riche*, et sainte Euphrosine que l'on traduit par *gaieté*. C'est donc un jour de prédilection.

Le 2 de ce succulent mois est encore une suite de la fête, puisqu'il n'y en a pas sans lendemain, surtout quand il tombe un dimanche.

Le 3 janvier est une fête d'amour et de reconnaissance des Parisiens pour leur bienfaitrice Geneviève, bergère au village de Nanterre, au cinquième siècle. La ville de Paris fut en ce temps assiégée par les barbares, dont le chef était Attila, « le fléau de Dieu ». Elle rassura le peuple par ses discours et l'influence que lui donnait déjà la pratique des vertus chrétiennes. Elle agit même et dirigea une expédition par laquelle elle fit entrer à Paris une flottille de bateaux chargés de vivres. Par son intercession le féroce Attila fut éloigné.

Atteinte d'une cruelle maladie dont elle

obtint la guérison miraculeusement, elle devint si dévote envers saint Denis, qu'elle lui fit bâtir une église. Comme on travaillait, le le vin manqua aux ouvriers : la sainte y suppléa en remplissant un tonneau d'eau qu'elle changea en vin et qui demeura plein jusqu'à la fin de l'année.

De tout temps la dévotion à notre bienfaisante bergère fut vive, et toute la chrétienté est venue prier sur sa tombe. En 1147, le pape Eugène III, ayant quitté Rome pour cause d'insurrection, vint y célébrer la messe. Les chanoines étendirent devant l'autel un riche tapis que le roi Louis le Jeune leur avait envoyé.

Le saint-père se prosterna sur ce tapis devant les reliques vénérées, mais il ne fut pas plutôt retiré que ses officiers voulurent s'emparer du tapis comme de chose qui, selon l'usage, leur appartenait. Les domestiques de l'abbaye voulurent aussi l'avoir.

Après de violentes paroles on se mit à tirer le précieux tapis chacun de son côté, puis on en vint aux voies de fait plus décisives, et le tumulte fut si grand que le roi, qui était encore dans l'église, crut qu'il n'y avait qu'à se présenter pour tout pacifier; mais arrivant au milieu de cette grêle de coups, Sa Majesté reçut dans la mêlée des horions qui n'étaient nullement inscrits dans le cérémonial des rois de France.

Cet événement fut cause du remplacement des chanoines génovéfins, connus pour peu réguliers, par des moines de Cluny, qui devinrent les génovéfins supprimés en 93.

Dans le banquet de famille de ce jour, tout Français au cœur noble doit un souvenir à l'illustre vierge et une visite à l'église qui lui est consacrée. Il y rencontrera pendant toute la *neuvaine* les jeunes filles des environs de la capitale qui viennent, bannières déployées, déposer des couronnes sur les reliques de la sainte.

Le 6, l'Eglise rappelle, sous le nom de l'ÉPIPHANIE, la visite des Rois ou Mages qui venaient de l'Orient offrir au saint Enfant des présents où, dans des vases d'or, ils n'avaient sans doute pas oublié les douces friandises convenables à cet âge.

L'Eglise ne commande pas le jeûne pour la veille de cette solennité, aussi le dîner de ce jour, connu sous le nom de VEILLE DES ROIS, est-il célèbre dans toutes les classes par le partage du GATEAU, dont la part qui contient une fève crée un roi dans chaque famille, ce qui suppose une légion formidable de souverains dans toute la chrétienté.

Le 17 janvier, on fête saint ANTOINE, ermite.

Ce bon saint ne figurera pas ici comme gastronome, et, nous avons quelques regrets de manquer un peu à sa dignité en lui donnant une place dans un livre sur la bonne chère, lui, le plus grand des continents cénobites, qui ne devait guère faire figure par son embonpoint. Aussi est-il à croire que, s'il fut tenté réellement par une belle femme, la tentatrice ne devait pas l'être, ou qu'il fallait, comme de raison, qu'elle eût le diable au corps.

Mais nous devons expliquer autant que possible pourquoi les artistes de tous les temps ont eu la fantaisie de le représenter accompagné d'un quadrupède à qui saint Pierre aurait certainement refusé un billet d'entrée dans le royaume confié à sa surveillance.

Voici la légende qui sert de prétexte à cette sorte d'irrévérence.

« On raconte qu'une laie amena un jour aux pieds de saint Antoine tous ses petits frappés de cécité à leur naissance; le saint eut pitié d'êtres aussi intéressants, et par son intercession ils devinrent clairvoyants. Dans sa gratitude, l'excellente mère ne voulut plus quitter le bienfaiteur de sa jeune famille. Les peintres ont immortalisé cette preuve de la bonté du saint en le représentant toujours accompagné de la laie reconnaissante, exemple que les ingrats devraient méditer sans cesse. La laie est la cousine du cochon, et l'on a fait confusion dans cette parenté. » *Almanach des Gastronomes*, 1854.

Mais une autre légende est plus authentique et plus généralement connue, puisqu'elle est rapportée par saint Jérôme dans la vie de saint Paul ermite; la voici :

Saint Antoine ayant quitté son monastère pour visiter Paul, alors âgé de cent treize ans, et après avoir passé quelques jours avec lui, fut témoin de la mort du saint homme. On peut juger de l'embarras du survivant, âgé lui-même de quatre-vingt-dix ans, quand il fut question de lui faire, des funérailles, seul qu'il était dans le désert et n'ayant aucun instrument pour creuser la terre.

« Comme il faisait ces réflexions en lui-même, voici deux lions qui, sortant en courant du fond du désert, faisaient flotter leurs longs crins sur leur cou. Ils lui donnèrent d'abord de la frayeur; mais, élevant son esprit à Dieu, il demeura aussi tranquille que s'ils eussent été des colombes, et s'arrêtant là et le flattant avec leurs queues, ils se couchèrent à ses pieds, puis jetèrent de grands rugissements pour lui témoigner qu'ils le pleuraient en la manière qu'ils le pouvaient. Ils commencèrent ensuite à quelque distance de là à gratter la terre avec leurs ongles, et, jetant à l'envi le sable de côté et d'autre, firent une fosse capable de recevoir le corps d'un homme. Ils vinrent ensuite, en remuant les oreilles et la tête basse, vers Antoine et lui léchaient les pieds et les mains. »

Peut-être que le premier peintre chargé de rendre cette scène, après s'être inspiré au cabaret en mangeant quelques tranches de hure de porc, aura donné une forme douteuse au seul lion qu'il avait ordre de dessiner, et que de là aura été établie la fatale erreur dans laquelle les préparateurs de saucisses ont invoqué saint Antoine depuis des temps très-anciens jusqu'à nos jours?

On devrait à l'avenir représenter saint Antoine dans cette miraculeuse action et le débarrasser de sa laie, que l'on prend pour un animal réputé immonde.

Saint Marc, évangéliste, est accompagné d'un lion; saint Antoine, ermite, en aurait deux.

Est-ce par suite de la bienveillance de saint Antoine pour la laie, femelle du sanglier, que l'on a cru devoir mettre sous sa protection les autres quadrupèdes? Toujours est-il certain que nous avons eu la preuve par nous-même dans nos voyages en Italie du fait suivant, récemment raconté dans les journaux.

On écrit de Rome au *Journal des Débats* (janvier 1864) :

« C'est demain que commence une cérémonie religieuse très-populaire à Rome.

« Non loin de la basilique de Sainte-Marie-Majeure il existe une petite église dédiée au grand saint Antoine. C'est à cette église que sont conduits, pour être bénits, pendant la semaine qui suit le 17 janvier, tous les animaux de Rome et des environs. Le pape donne l'exemple en envoyant tous ses chevaux richement caparaçonnés; la poste envoie tous les siens, avec une armée de postillons; les dragons et les gendarmes romains y conduisent leurs montures; les cochers de fiacre y traînent leurs haridelles; les paysans y amènent leurs bêtes de trait ou de somme; enfin la haute aristocratie romaine y envoie ses brillants équipages, parmi lesquels on distinguait naguère celui d'un prince aujourd'hui en exil et qui faisait atteler dix-huit magnifiques chevaux.

« Le peuple, toujours avide de spectacles, se rend en foule à cette cérémonie; ensuite il va voir défiler au Corso tous ces chevaux et ces voitures. »

Nous avons remarqué aussi à Naples avec quelle dévotion les charcutiers fêtaient le 17 janvier pour honorer saint Antoine par une riche exhibition de jambons et de cervelas.

Il est à regretter, du reste, que le porc soit traité d'animal immonde, et cela parce qu'on le voit entouré de saletés.

On devrait bien, avant de porter ce jugement ténébreux, se demander qui se charge de le loger et de lui faire sa toilette? — C'est l'homme, serait-on obligé de répondre.

Mais quel est le porc, dans la nature? —

C'est le sanglier. — Eh bien, visitez le loge-
ment du sanglier (en son absence si vous
l'aimez mieux). Est-il mal tenu ? — Non,
parce qu'il choisit lui-même sa demeure et
qu'il ne se trouve pas obligé de coucher dans
un espace étroit sur la paille infecte que lui
laisse son maître. Fournissez-lui chaque jour
de la paille fraîche, dans un local aéré en le
laissant libre de ses mouvements, il préférera
ce logis à un autre mal tenu qu'il quittera
pour celui-ci. Il aime à se baigner pour se
rafraîchir et se tenir propre. — Quelle eau
lui offre son domestique? une mare sale dont
il porte la trace sur son habit que l'on appelle
soie, et qui est destinée à composer des pin-
ceaux pour nos Raphaël et nos Michel-Ange.
Si ce bon et utile animal pouvait réfléchir et
donner à son gardien le titre de malpropre,
il le ferait avec justice.

Le maître du cochon est si malpropre lui-
même, qu'autrefois, à Paris, il ne se donnait
pas la peine de nettoyer ses rues, où il jetait
tous les reliefs de la cuisine. Il chargeait de
ce soin ses cochons qui vaguaient en foule
dans les rues, d'où il arriva en 1131 qu'un
de ces *balayeurs*, dans l'exercice de ses fonctions, s'embarrassa tellement dans les jambes
d'un passant, qui n'était rien moins que le
fils de Louis le Gros, que ce prince fut ren-
versé et se brisa la tête.

Il résulta de cet accident que l'on fut obligé

de prendre d'autres balayeurs. Mais, chose digne de remarque, c'est que les religieux de l'abbaye de Saint-Antoine réclamèrent au nom de leur saint patron et obtinrent seuls le droit de laisser leurs porcs se promener et balayer.

Le mérite du cochon est généralement reconnu, son utilité en cuisine est profondément sentie, sa chair et sa graisse plus ou moins salées ou désalées, ajoutent, en si petite quantité qu'elles soient employées, de la saveur à toutes les autres chairs d'animaux et de ragoûts. Une barde de lard complète celle du faisan, servi sur la table du riche gastronome, et d'imperceptibles dés de lard font de quelques pommes de terre un plat succulent sur celle du pauvre.

Sans le porc, point de lard, point de jambons, point de saucisses, d'andouillettes, de cervelas, de boudins, point de charcutiers. Tout en est bon, jusqu'à sa fressure et à ses intestins ; son fumier même est précieux comme l'or.

Les médecins ont beau dire que sa chair est indigeste, il faut les laisser crier. Si cela est vrai, le chapitre des indigestions serait le plus beau fleuron de leur couronne. Mais les plus sensés savent bien que cette condamnation ne s'applique qu'aux goulus, qui font un usage indiscret de la chair mal cuite du porc frais mal assaisonnée.

Cette prescription ne s'adresse pas aux préparations dues à l'art du charcutier, car les condiments dont ils la pénètrent et la cuisson parfaite qu'ils lui font subir n'ont jamais appelé le secours du médecin, — hors le cas de goinfrerie.

A toutes les qualités que nous avons reconnues à cet animal domestique, il faut encore ajouter le service qu'il rend comme agent *trufficr*. Car qui guide vos grouins raffinés vers ces merveilles souterraines, subtils esclaves de saint Antoine? Ah! quand vous n'auriez fait que ce présent à vos maîtres, votre nom serait digne de l'immortalité!

A Pâques nous aurons encore occasion de parler avec fruit des jambons.

En janvier on ne récolte plus rien dans le jardin, et l'on ne peut avoir de ressources en produits végétaux que dans ce qui reste dans la serre à légumes, comme nous l'avons indiqué dans le mois de décembre.

Les ressources ne se composent donc plus que des provisions de la maison ou de celles des marchands, qui non-seulement sont fournis de conserves en boîtes de légumes et en bouteilles de fruits, mais encore des choux-fleurs venant des pays favorisés.

Une provision importante à faire en janvier est celle de l'huile d'olive que l'on vient de fabriquer, et qui est prête en ce mois à livrer à la consommation. Elle arrive alors du Midi parce que, le froid la rendant solide, on peut la faire voyager sans crainte de coulure et aussi sans l'échauffer ni rancir.

FÉVRIER (Pluviôse).

MOIS DES PLUIES

Mis par les Romains sous la protection de NEPTUNE.

e mois, dit Grimod de la Reynière[*], étáit en partie consacré aux expiations. Mais , chez nous, il a reçu une destination bien différente, car, comme il renferme le carnaval, c'est plutôt le mois des souillures, ou tout au moins celui des indigestions, ce qui est cause que sous ce rapport c'est celui qui rend le plus à la faculté.

Beaucoup de gens, graves et sérieux pendant le cours de l'année, choisissent ce temps de folie pour se livrer à quelques excès et aller jusqu'à la gourmandise.

Il est vrai que, s'il faut en croire plus d'un

* *Almanach des Gourmands,* 1803.

gourmand, cela regarde les médecins, la seule fonction de l'estomac étant de bien digérer; s'il s'en acquitte mal, tout doit être mis sur leur compte.

Il est vrai que beaucoup de gens croient que, de tous les péchés, le septième est celui qui paraît le moins charger la conscience et donner le moins de remords!

La nature semble ici d'accord avec nos usages : février n'est pas moins que son aîné le mois de la bonne chère, car la nature l'a enrichi des mêmes productions; le bœuf n'y est guère moins gras, le veau est aussi blanc et le mouton aussi succulent. Le cochon n'est jamais plus souvent sollicité de nous servir de solides hors-d'œuvre, et jamais la consommation des boudins, des saucisses et des andouillettes n'est plus forte que dans le carnaval. Le gibier, s'il est moins commun, a conservé ses bonnes qualités.

Les wagons sont chargés des envois de pâtés et de terrines de Strasbourg, ainsi que des dindes truffées du Périgord. Troyes envoie par douzaines ses hures, ses langues et ses andouillettes de fraise de veau.

Le carnaval est la saison de déjeuners succulents et de dîners somptueux dont beaucoup sont des noces, car on ne fait de mariages dans le carême que par exception, et comme il n'y a pas de noce sans lendemain et que les parents se piquent à leur tour de fêter les mariés, c'est, dit encore Grimod de la Reynière, un enchaînement d'indigestions, qui ne laissent pas le temps de respirer.

Chez les anciens, avant les expiations de février, les *Lupercales,* qui se célébraient le troisième jour des *ides,* avaient le plus grand rapport avec notre carnaval. C'étaient des mascarades en forme de processions où on faisait beaucoup de choses peu discrètes. Les prêtres du dieu Pan étaient autant d'espèces d'arlequins armés de lanières dont ils frappaient les passants comme avec une batte.

Ce mois étant le plus gai de l'année, c'était aussi celui où l'on chantait le plus quand on était dans le réjouissant usage de chanter à table; aussi aurions-nous pu réunir ici bon nombre de gais souvenirs de Désaugiers, de Brazier, d'Armand Gouffé et des spirituels convives du dix-huitième siècle; mais à quoi bon, puisqu'on ne s'en servirait plus ?

Cependant nous n'avons pu résister au désir de donner un échantillon de ce genre de poésie mangeante qui caractérise l'époque.

Air : *Aussitôt que la lumière.*

Aussitôt que la lumière
Vient éclairer mon chevet,
Je commence ma carrière
Par visiter mon buffet.
A chaque mets que je touche,
Je me crois l'égal des dieux,

Et ceux qu'épargne ma bouche
Sont dévorés par mes yeux.

Boire est un plaisir trop fade
Pour l'ami de la gaieté.
On boit lorsqu'on est malade,
On mange en bonne santé.
Quand mon délire m'entraîne,
Je me peins la Volupté
Assise, la bouche pleine,
Sur les débris d'un pâté.

A quatre heures, lorsque j'entre
Chez le traiteur du quartier,
Je veux que toujours mon ventre
Se présente le premier.
Un jour les mets qu'on m'apporte
Sauront si bien l'arrondir,
Qu'à moins d'élargir la porte,
Je ne pourrai plus sortir.

Un cuisinier, quand je dîne,
Me semble un être divin,
Qui du fond de sa cuisine
Gouverne le genre humain.
Qu'ici-bas on le contemple
Comme un ministre du ciel,
Car sa cuisine est un temple
Dont les fourneaux sont l'autel.

Mais sans plus de commentaires,
Amis, ne savons-nous pas
Que les noces de nos pères
Finirent par un repas,
Qu'on vit une nuit profonde
Bientôt les envelopper,
Et que nous vînmes au monde
A la suite du souper?

> Je veux que la mort me frappe
> Au milieu d'un grand repas,
> Qu'on m'enterre sous la nappe
> Entre quatre larges plats,
> Et que sur ma tombe on mette
> Cette courte inscription :
> « Ci-gît le premier poëte
> » Mort d'une indigestion ! »

DÉSAUGIERS.

Dans ce mois une seule fête religieuse se présente, c'est celle de la sainte Vierge et de la bénédiction des cierges (ou chandelles), la Chandeleur.

Après cela nous n'avons à indiquer à messieurs les gastronomes que :

La Saint-Crevaz. Mais qu'est-ce que saint Crevaz ? — Demandez-le dans la Lorraine et autres provinces ; on dira que c'est l'homonyme du plus gros de tous les saints, de saint *Mardi gras*, que l'on dit aussi dans le Midi *Crapazi*, et en Italie Crepare, ce qui peut se traduire par crever de rire, et non pas par crever de faim.

On fête ce gros saint tout le temps du carnaval.

Les personnes qui ont visité l'Angleterre au mois de février ont entendu parler de la Saint-Valentin.

Valentin, patron des amoureux, jour béni des jeunes filles, et maudit des facteurs, qui sont épuisés de fatigue. Depuis bien des siècles il est d'usage en Angleterre que la première jeune fille qui aperçoit un jeune homme le 14 février devient sa *Valentine* pour toute l'année. En outre, la coutume existe de s'envoyer ce jour-là des lettres d'amour, et une patiente statistique fait monter le nombre de ces missives confiées à la poste jusqu'à deux millions. La plus ancienne qu'on cite de ce genre a pour auteur Charles, duc d'Orléans, frère de Louis XII, qui fut fait prisonnier à la bataille d'Azincourt en 1415. Elle se trouve dans un manuscrit au Musée britannique. Autrefois ces lettres, qu'on appelle *valentines*, étaient simplement écrites, mais maintenant elles sont ornées des plus brillantes couleurs, enjolivées d'arabesques et empreintes des plus suaves odeurs.

Les ressources de provisions végétales sont les mêmes que celles que nous avons indiquées dès le mois de janvier.

Gastronome bénévole qui avez eu la patience de lire jusqu'ici notre gastronomique verbiage, nous allons faire passer sous vos yeux la liste des mets gras, succulents et friands, dont vous pourrez couvrir vos tables, petites ou grandes, les jours où vous serez dans l'intention de faire vos dévotions à saint Crevaz.

Choix de Mets pour repas de Carnaval

applicable à toute la saison d'hiver.

___

DÉJEUNERS.

Huîtres de Dunkerque, voyez page 41.

Thon mariné.

Canapé d'anchois.

Crevettes, — homards, langoustes.

Saumon magnonnaise, — en salade.

Bar, Turbot, Barbue, Mulet, Cabillaud, Rouget et autres gros poissons cuits au court-bouillon, en magné maise ou en salade.

Soles, Merlans, Limandes, Goujons, Eperlans, Carpes, Brochets, frits.

Boudins noirs, Boudin de Nancy, Boudin Richelieu, Andouillettes.

Pieds Sainte-Ménéhould, simples ou truffés.

Langues fourrées.

Saucissons et cervelas.

Fromage d'Italie, — de cochon.

Hure de Troyes.

Jambon entier ou en tranches.

Pâtés chauds, Vol-au-vent, Pâtés froids, de veau, volaille, jambon, perdrix, etc. ; de toutes provenances.

Terrines, idem.

Rognons de mouton brochette, — sautés.

Côtelettes de mouton grillées, sautées, Bruxelloise, aux champignons.

Pieds de mouton aux champignons, frits.

Côtelettes de veau en papillotes.

Cervelles de veau frites.

Tête de veau entière à l'huile, frite, en tortue.

Foie de veau sauté.

Côtelettes de porc frais, sauce Robert, sauce piquante.

Côtelettes et filet de chevreuil, sauce piquante.

Levraut sauté.

Perdreaux crapaudine.

Pigeons, idem.

Salmis de gibier à plume.

Poulet rôti, sauté, tartare.

Salades diverses.

Omelettes fines herbes, au jambon, de toutes couleurs, aux rognons, au fromage, au rhum.

Beignets aux pommes ou aux poires.

Fromages divers.

Pâtisseries, telles que brioches et flans.

DINERS.

Potages. Riz, vermicelle et pâtes au gras, semoule, tapioca.

Potage à la purée de volaille ou de gibier, à la tortue, aux marrons.

Relevés. Bœuf bouilli entouré de petits pâtés.

Chapon au gros sel.

Aloyau, ou Filet d'aloyau à la broche, avec une garniture.

Galantine de veau, volaille, etc.

Longe ou carré de veau à la broche avec garniture de petits pâtés, croûtons, etc.

Tête de veau en tortue.

Gigot braisé.

Jambon servi chaud.

Dinde en daube.

Poissons au court-bouillon avec sauce aux câpres, tels que Saumon, Turbot, Barbue, Bar, Eglefin, Brochet, etc.

Voir les soupers de bals, page 100.

MARS (Ventôse).

MOIS DES VENTS.

Consacré, ainsi que février, par les Romains à
Neptune.

Certaines années comptent dans les derniers jours de mars la fête de PAQUES, mais comme le mois d'avril est plus digne de cette grande solennité, qui d'ailleurs tombe le plus souvent dans son cours, nous dirons que, excepté saint Joseph, patron des charpentiers, il n'y a pas d'occasion pour messieurs les gastronomes de faire ripaille, — au contraire; car, une fois sur quatre, le carême commence avec mars et les autres années vers la fin de février. Nous pourrions cependant mentionner la MI-CARÊME, fête des gens des ports à Paris et en particulier des blanchisseuses. Beaucoup de bals s'ouvrent pour les amis de la joie.

Ainsi, sauf ces deux jours d'exception, qui ne sont pas des fêtes pour tout le monde, et aussi les jours de collation en gras[1], le mois

[1] Chacun devra, pour les exceptions, s'enquérir de l'usage adopté et ordonné par le mandement de son évêque.

de mars voit donc disparaître les noces joyeuses, les fêtes dansantes et mangeantes et, par conséquent, réduire les aliments d'une certaine consistance au poisson. C'est en mars que les pêcheurs mettent toutes voiles dehors et bravent la rigueur des éléments pour nous aider à passer la saison du carême, autre rigueur dont, pourtant, nos estomacs se trouvent bien, puisqu'ils se reposent un peu des fatigues gastronomiques des mois précédents.

Les gastronomes voisins de la mer ou des routes de fer, qui rapprochent les distances, voient arriver « marée en carême » : le saumon, roi de la mer, sa digne compagne la truite, le turbot, prince de la table, qui a aussi sa compagne chérie, la barbue, viennent avec leur cour, toute composée de gens de mérite, tels que le bar, le mulet, le grondin (celui de la Méditerranée), faire diversion à nos légumes trop roturiers ou trop secs.

La sole s'accommode des petites bourses comme des grandes. Le maquereau ne faisait guère autrefois sa visite sur nos côtes qu'en mai et juin ; mais, reconnaissant de l'accueil bienveillant qu'on lui fait, il vient vers nous présentement à peu près toute l'année.

Nous allons profiter de ces temps de pénitence pour parler avec l'austérité commandée par la circonstance et, au lieu d'excuser en quelque sorte les indigestions, nous allons entrer dans l'économie proprement dite, et répéter à ce sujet une partie de ce que nous avions déjà enseigné dans l'ALMANACH DES GASTRONOMES de 1854.

En produits de la mer, la ménagère fera bien de ne pas oublier les poissons conservés. Vers la fin des jours gras, elle fera l'acquisition de la portion de morue qui lui est nécessaire pour son carême; car il n'est pas prudent de la garder longtemps hors des tonneaux où on la conserve. La morue peut être plus variée dans ses préparations qu'on ne le fait ordinairement, et il semble qu'elle soit vouée au blanc ou aux pommes de terre, tandis qu'elle aime le changement de sauces et se présente avec tous ses agréments au gratin, au fromage, à la provençale, en brandade, outre la béchamel, la maître-d'hôtel, les câpres, la sauce à l'huile, et même la friture. (Voy. la CUISINIÈRE DE LA CAMPAGNE.)

Le saumon fumé, s'il n'était pas si cher, serait un mets aussi recommandable qu'il est distingué.

Les maquereaux et harengs salés sont de pauvres mets, mais qui peuvent, une fois dans le carême, servis sur une purée, paraître aux jours de pénitence où l'on a beaucoup à expier, à moins que le remords ne porte jusqu'à l'usage de la merluche, qui est une morue sèche, et trop sèche.

Une provision plus intéressante est celle des harengs saurs, susceptibles de rendre bien des services aux déjeuners, surtout si on les marine dans de bonne huile, comme le dit la *Cuisinière*, ou qu'on les serve en caisse avec des champignons et des fines herbes.

'L'industrie est venue au secours des gastronomes de carême en leur conservant des fines sardines en boîtes dans un état appétissant.

N'oublions pas non plus les anchois, qui garnissent et relèvent les salades de homards, et autres salades.

Elle nous a aussi procuré les moyens de manger les petits pois et d'autres légumes conservés en boîtes.

Si, par le procédé Appert, on a su se faire une bonne provision de prunes, d'abricots, de cerises, de groseilles et de framboises en bouteilles, on pourra tout l'hiver faire des tartes de fruits dans un four, ou sous le four de campagne, qui ne le céderont pas à celles de la pleine saison, outre qu'on en pourra garnir les compotiers.

Quelques légumes conservés naturellement peuvent encore figurer : choux, choux-fleurs, quelques navets et petites carottes semées tard, salsifis, courges, pommes de terre, betteraves de Bassano, puis les lentilles, haricots et les purées qui en résultent. Si on n'a pas de champignons frais, on pensera aux champignons secs du Midi, ou aux morilles, qui ont une grande force comme assaisonnement; heureux qui en a! Mais nous en voyons malheureusement d'assez mauvais parfois chez les marchands.

Les œufs frais sont abondants, et c'est le moment de les servir des vingt-quatre manières de notre susdite CUISINIÈRE, ou d'en faire les vingt-huit omelettes qu'elle offre d'une manière *affriolante*.

Les macaronis sont une grande ressource pour les habitués des villes comme pour ceux de la campagne; car on les trouve toujours sous sa main. On sait que le fromage parmesan se conserve très-longtemps enveloppé d'un linge légèrement enduit d'huile. Quand il est devenu trop dur pour le râper, on le met en copeaux minces au moyen d'un rabot. En hiver, on trouve dans toutes les villes son camarade le gruyère.

Une pièce importante du service de l'époque, c'est le pâté de carême, quand il est composé de thon frais et qu'il vient de Marseille. Malheureusement sa cherté, à Paris, égale son excellence. On peut en confectionner avec du saumon en attendant que la voie de fer directe et non interrompue nous apporte le thon frais. Nous en avons donné la recette; mais que le pâtissier ne s'y trompe pas, il faut qu'il n'épargne rien de ses soins, s'il veut produire en ce genre une œuvre de délicatesse digne du sujet.

Les matelotes maigres, la carpe et sa remplaçante la brème, le brochet et autres poissons de rivière sont la consolation des gastronomes privés, par leur éloignement, des *fruits de la mer*.

On voit que, tout en se conformant aux ordonnances de l'Eglise, on peut faire les honneurs de la table, dans l'occasion, et que, si le carnaval a ses joies, le carême peut nous procurer un doux bien-être qui ne sera mêlé d'aucun remords.

Le cabillaud, le congre ou anguille de mer, la raie, qui s'accommode de six manières, la limande délicate, le léger merlan, le carrelet qui, lorsqu'il est de bonne qualité, est le turbot de la petite propriété, fournissent aux besoins de la table et aident à oublier la côtelette et le rôti.

Les homards, langoustes et crabes, qu'à présent la vapeur fait circuler vivants à plus de cent lieues de la mer, sont, en ce mois, dans toute leur délicatesse; ils ornent et égayent les tables.

En ce mois l'*Eperlan* remonte de la mer dans les rivières pour frayer. C'est le moment où l'on en voit une plus grande quantité, quoiqu'il y en ait sur les marchés presque toute l'année. Ce charmant petit poisson, que l'on a nommé avec justice *Perle de la mer*, est bien plus délicat que le goujon, ce qu'il doit peut-être à son odeur prononcée de violette.

Les *Bécassines* passent en mars; elles nous feront une seconde visite en octobre.

Les huîtres sont encore parfaites, mais ne sont toujours qu'un hors-d'œuvre, moins bien accueilli que dans les mois précédents, où l'on s'en est rassasié.

Les *Moules* sont d'une grande ressource pour toutes les fortunes. Le moins cher de tous les produits de la mer s'accommode de préparations très-variées : à la marinière, à la poulette, aux fines herbes, à la Béchamel, en coquilles. Frites, les moules, avec ou sans pâte, sont un hors-d'œuvre chaud très-friand. Elles remplacent au besoin, ou accompagnent, les huîtres dans les sauces, dans la matelote normande, et leur eau fait une excellente soupe à l'ognon.

Que la maîtresse de maison qui habite la campagne l'hiver soit prévoyante et qu'elle n'oublie pas de faire couver des poules dans ce mois, si elle veut avoir de bonne heure de tendres poulets.

La serre à légumes est presque épuisée, sauf les carottes, navets, panais, pommes de terre et betteraves, quelques choux-fleurs, barbe de capucin. Les cultures sur couches et sous châssis donnent déjà de bons produits : asperges, radis, laitues, petites carottes, pois, haricots verts, fraises. Mais ce qui donne une immense ressource, c'est que, présentement, la vapeur et les chemins de fer nous font jouir, par la rapidité du transport, des produits de tous les jardins du sud de la France et de ceux de l'Afrique.

Nous en avons fait mention ci-dessus avec quelques détails.

Le fruitier peut encore avoir des poires catillac, bon chrétien, bergamote, etc.

Les pommes de diverses reinettes, calville, francatu, châtaigniers, etc.

Le carême fait la fortune des producteurs du Midi, depuis Tours jusqu'à la Méditerranée et ailleurs encore, car c'est le temps où l'on va commencer, pour aller jusqu'à la Pentecôte, à servir au dessert les pruneaux de Tours et d'Agen, les figues d'Ollioules, dites marseillaises, les poires tapées de Reims, les prunes de Brignolles, les raisins de Malaga, les amandes, les avelines, les dattes.

Nous avons mentionné ci-dessus les matelotes, sur lesquelles nous donnerons ci-après quelques détails, après en avoir aussi donné sur les poissons d'eau douce.

Sur quelques Poissons d'eau douce les plus importants.

Les BROCHETS frayent en février, mars et avril, ensuite ils ne sont guère dignes des gastrononomes ; ce frai les ayant beaucoup fatigués. Il est donc préférable de les admettre sur nos tables dans l'hiver, de même qu'il faut choisir ceux qui viennent des rivières et non les habitants des étangs vaseux ou dont l'eau est peu renouvelée. On rejette leurs œufs, qui purgent violemment.

La Carpe fraye en avril, mai, mais ses œufs ne sont pas à dédaigner, au contraire. Elle aime les mêmes eaux que le brochet. C'est un des poissons qui multiplient le plus; aussi a-t-on compté de trois cent mille à six cent mille œufs dans des individus pesant quatre à cinq kilogrammes.

Le Barbeau s'apprécie à peu près comme la carpe, mais on s'abstient de faire usage des œufs. Il fraye en mai ou juin.

L'anguille aime aussi les eaux qu'habitent les poissons ci-dessus mentionnés, et elle est très-mauvaise dans les étangs vaseux. Les bonnes ont le dos brun mêlé de bleu et le ventre d'un blanc argenté vif et pur, tandis que celles d'étangs, de mares ou de fossés sont jaunâtres et terreuses.

DES MATELOTES.

« Le vulgaire ne voit dans une matelote qu'une simple étuvée de carpe et d'anguille, mais un gastronome délicat, dit un amateur, Grimod de la Reynière, considère ce plat avec une attention mêlée de respect, surtout lorsqu'il songe qu'une bonne matelote est un des premiers chefs-d'œuvre de l'espèce humaine.

Cette assertion ne paraîtra point un paradoxe à quiconque aura réfléchi sur la matière et s'en sera souvent pénétré.

Il est de fait que beaucoup de cuisiniers, fort habiles d'ailleurs, dénaturent ce plat par trop de recherches et de complications.

Une bonne matelote est effectivement une composition qui n'exige que promptitude et simplicité.

Chez les Parisiens du siècle passé et du commencement de celui-ci, on ne connaissait que deux cuisines où l'on confectionnât les bonnes matelotes, et l'on courait les chercher sur le bord de la Seine, aux deux bouts de la ville : à la *Râpée* et au *Gros-Caillou*. Ce dernier avait hérité de la réputation du fameux *Moulin de Javelle*, où, sous le grand règne, la cour et la ville allaient se régaler de poissons frais ; car nos chevaliers et nos marquis savaient apprécier la différence des matelotes de leurs cuisiniers avec celles qui sortaient d'un fourneau éternel constamment entretenu dans chacun de ces temples de Comus, non par une vestale, mais par une femme de marinier.

Cette femme, dans une cuisine omnibus, ne faisait pas autre chose.

Nous l'avons vue encore, immobile auprès de son chaudron : elle n'avait des yeux que pour lui ; étrangère à tout ce qui se passait autour d'elle, elle suivait tous les mouvements de ses poissons, comme une tendre mère ceux de l'enfant chéri dont elle dirige les premiers pas. Aussitôt que le degré de cuisson, si difficile à saisir, était atteint, elle se hâtait de dépendre son chaudron de la crémaillère, de dresser convenablement les délicieux tronçons sur un plat bien chaud et de les envoyer aux convives qui devaient l'attendre et non la faire attendre.

Nous sommes assez heureux d'avoir recueilli la tradition de ces succulentes préparations et de pouvoir en offrir la recette dans sa simplicité, c'est celle qui se rapproche le plus de la méthode dite *Marinière*.

La cuisinière du *Gros-Caillou* la tenait du cuisinier du *Moulin de Javelle*, où elle attirait de joyeux convives pris dans toutes les classes, soit des marchands de la rue Saint-Denis, des gens de robe et d'épée, des traitants de la finance, et même des poëtes, Piron et Lattaignant.

Parmi les poissons que vous aurez, choisissez de préférence une anguille et une carpe moyenne, un barbillon, un brocheton, même une lotte. Ecaillez, videz, lavez, nettoyez, coupez par tronçons, rangez au fond d'un chaudron pas trop grand ; ajoutez sel, poivre, bouquet garni de persil, ciboule, thym et laurier (ces deux ingrédients en quantité proportionnée avec prudence), deux gousses d'ail, un clou de girofle. Versez de bon vin rouge couvrant juste le poisson. Aussitôt que le vin commencera à bouillir versez aussi un demi-verre (un décilitre) de bonne eau-de-vie, mettez le feu et laissez brûler et cuire un quart d'heure. Retirez le chaudron du feu, dressez les tronçons sur le plat avec ordre et les tenez chaudement; liez la sauce promptement avec un morceau de beurre (environ 125 grammes) manié de deux cuillerées de farine et y mêlez de petits ognons et des champignons cuits à part dans du beurre; faites bouillir 2 ou 3 minutes. Versez le tout sur la matelote, que vous entourez de croûtons découpés et passés au beurre, et dont vous ornez le dessus d'écrevisses si la saison est convenable.

Nous avons entendu de vieux et nobles gastronomes rappeler avec un certain enthousiasme le souvenir de la faiseuse de matelotes de la Râpée à l'enseigne du *Parasol des Marronniers* qui n'existe plus.

PARTIE DU PRINTEMPS.

AVRIL (Germinal).

MOIS DE LA GERMINATION.

Mis par les Romains sous la protection de Vénus.

Le 1ᵉʳ on fêtait cette déesse avec fleurs et myrthes.

Le 6 était consacré chez eux à la Fortune publique.

Le 24, mémoire de la prise de Troie.

Le 28, commençaient des *jeux Floraux* qui duraient huit jours.

Autrefois, ce mois était le premier de l'année ; aujourd'hui, comme alors, c'est celui où l'agriculture commence, sous la latitude de la France, à déployer ses merveilles ; déjà, sous la main vigilante du laboureur, la végétation prend un essor décidé.

Les jours croissent d'une heure le matin et de trois quarts d'heure le soir ; la terre commence à reprendre sa parure sous l'action vivifiante d'un soleil bienfaisant.

Avril est une sorte d'interrègne entre les produits nutritifs épuisés et ceux que le printemps va faire naître.

La volaille et le gibier vivent en paix et élèvent avec sollicitude la nouvelle génération qui plus tard viendra satisfaire à nos besoins culinaires et exciter notre sensualité.

Avril a l'honneur de renfermer, les trois quarts du temps, la plus grande férie de la chrétienté : le jour de PAQUES.

Le fidèle compagnon donné par les peintres à saint Antoine a fait semblant de dormir pendant le temps maigre, il reparaît et montre partout ses étalages de jambons cuits le samedi pour être prêts à figurer au déjeuner du jour de Pâques, tandis que l'agneau pascal paraîtra au dîner.

Si la loi de Moïse n'avait pas élevé entre les juifs et les porcs un mur d'airain, nul doute que les premiers n'eussent mieux aimé faire la pâque avec un jambon de Bayonne qu'avec un agneau de Bethléhem. Rendons grâce à la Providence de n'être pas nés chez ce peuple lorsque cette loi y était rigoureusement en vigueur, car on conviendra qu'une cuisine dont on a exclu le lard et le jambon est, sous tous les rapports, une bien triste cuisine.

C'est à Pâques, et jusqu'à la Pentecôte, que les jambons sont dans toute leur bonté et qu'ils offrent le relevé et le rôti des plus nobles et des plus savoureux. Mais c'est surtout à déjeuner qu'ils sont le plus appréciés. On accompagne le mayence avec du vin du Rhin et le bayonne avec du vin du Midi. Grimod de la Reynière dit que c'est un égard qu'on leur doit de ne les arroser qu'avec du vin de leur pays.

Parmi les jambons en usage en France, ceux de Bayonne et de Mayence sont les plus estimés, ce qui tient plus à la manière de les préparer qu'à la personne même de l'animal qui, sous deux latitudes si différentes, réunit presque un égal degré d'excellence.

Dans la saumure de Bayonne on emploie du vin et beaucoup d'aromates, dans celle de Mayence on ne fait pas usage de vin, et on met du sucre.

Les jambons de Bayonne sont plus gros et pèsent jusqu'à vingt livres. Ils sont d'une belle couleur, et la chair en est exquise. Ceux de Mayence, plus petits, sont des miniatures en comparaison. Ils sont aussi plus délicats; leur chair est moins compacte et d'une plus facile digestion.

Un autre jambon est devenu à la mode depuis quelques années en France, c'est celui d'York, ville d'Angleterre. Ferme et savoureux, on le fait cuire à la manière anglaise, c'est-à-dire qu'on le sert presque cru, en le coupant en tranches excessivement minces avec un couteau mince aussi, fait exprès pour cet usage. Il sert pour les sandwichs. On trouve rarement aussi le très-estimé jambon de Westphalie. Les Westphaliens le mangent cru avec de la gelée de groseilles!!!

Un autre étranger, mais qui se naturalise peu chez nous, c'est le jambon de Virginie. Celui-ci se distingue par sa qualité et par une abondance de graisse inusitée.

Nous goûtons à tout cela quand nous venons à la ville; mais lorsque nous sommes à notre maison des champs, nous nous contentons encore avec grand plaisir du porc, préparé sous nos yeux selon la méthode indiquée dans la *Cuisinière de la campagne*. Sa principale qualité est dans sa jeunesse, c'est-à-dire six à sept mois, et dans l'absence d'usage du salpêtre qui rougit les chairs, mais qui les durcit. Ils sont moins savoureux que les bayonnais, mais ils sont si tendres!

Nous nous demandons pourquoi on veut si souvent servir ce précieux jambon au déjeuner, et froid? Qu'on lise notre *Cuisinière*, et l'on verra qu'on peut le présenter chaud à la fin de la cuisson; il devient alors, au dîner, un splendide relevé de potage d'un fumet élevé et d'une rare succulence, surtout si on le pose à l'italienne sur un macaroni.

On voudra bien remarquer aussi que l'on peut le servir *à la broche* (salé et fumé), ou bien encore cuit au four, outre qu'à l'état frais et bien mariné, on savourera sa bonté naturelle en rôti. Les gastronomes d'un tempérament solide, dont le gosier, comme les pompiers, ne craint pas les incendies, seront au comble de leur jouissance si on leur présente le jambon sur un trône de *pilau à l'égyptienne* fait de riz, que l'on a mis blanchir cinq minutes, puis cuire en mijotant pendant trois quarts d'heure avec sel, *poivre de Cayenne* et beurre.

Après avoir rappelé les poissons qui viennent nous visiter en mars et avril, et après avoir dit un mot de l'agneau printanier, nous dirons aussi que c'est vers le printemps que l'on amène à la boucherie le plus grand nombre de veaux.

Vous avez servi sur votre table l'agneau sortant de la broche, accompagné d'un gros morceau de beurre manié de persil et de ciboule; relevez sa faiblesse par un assaisonnement de poivre et de sel, et découpez-le pendant que le beurre fond. Autrement cette innocente victime ne vous offrirait que fadeur.

Dès la seconde moitié du mois on voit en perspective les petits pois, de l'absence desquels on s'est consolé en les remplaçant par des pointes d'asperges hâtives. On savoure les salades formées de ces petites laitues que les jardiniers savent si bien faire naître sous châssis, et auxquelles on associe bon nombre d'œufs durs.

Grâce à la vapeur, les jardins de la basse Bretagne envoient leurs artichauts dans l'Est, et le nord de la France. Autrement vous ne jouiriez que de la laitue, de l'oseille, de quelques choux, choux-fleurs, brocolis, radis, carottes, de ce qui reste dans la serre à légumes et dans le fruitier.

Voici le temps de recueillir et de conserver les morilles. Plus tard elles sont trop avancées et ne peuvent servir ni fraîches, ni pour sécher.

On ne jouit pas partout comme à Paris de l'avantage d'avoir des champignons en tout temps. Dans ce cas on se trouve heureux d'avoir pu faire sa provision de morilles.

Heureusement que par ce temps de locomotion d'une rapidité merveilleuse, l'Afrique et le midi de la France deviennent des jardins d'une ressource d'autant plus précieuse, qu'ils fournissent sur nos marchés des petits pois et des artichauts à la fin de l'hiver.

On rappellera ici la nomenclature des potages que le printemps et l'été fournissent à nos tables.

Le potage à la *Colbert* n'est agréable que quand on y a employé des légumes nouveaux et tendres.

Il en est de même du potage *printanier*.

Le potage à la *Chantilly* est indiqué par quelques cuisiniers, comme ayant pour base les lentilles, mais sa vraie composition est celle, bien plus agréable, des petits pois nouveaux.

Le potage de *laitues* et de *romaines* est rendu plus savoureux et doux, en même temps, par de bon jus et d'excellent beurre.

Plus tard viendront les potages aux *haricots verts et blancs* et ceux aux *tomates*.

Les œufs sont en pleine récolte et aident beaucoup à compléter les tables, surtout à déjeuner, sans compter les œufs rouges, la joie des enfants.

Les meilleures comme les plus belles choses ont le pire destin ; le palais devient indifférent, même aux mets les plus délicats servis trop souvent. Pâques arrive, une ère nouvelle se prépare, et le poisson tombe en défaveur ! Pourtant, avant de renoncer à l'abondance du poisson sur nos tables, faites bon accueil à l'ALOSE qui, alors en passage, remonte les rivières pour visiter les tables les plus riches comme les plus modestes.

La délicatesse de la chair lui assure une digne réception. C'est dans la Seine et dans la Loire, surtout, qu'elle devient grosse et charnue. Ce poisson, aux reflets d'argent, est reçu avec tous les égards dus à ses qualités : à son arrivée on lui prépare un bain chaud connu sous le nom de court-bouillon, puis on le nourrit d'une maître-d'hôtel, d'un beurre d'anchois, ou bien encore d'une sauce blonde, si on le soigne après la semaine sainte.

Il est aussi très-délicat grillé, quand il n'est pas gros, et c'est dans cet état qu'il se présente mieux sur un gazon d'oseille. Vous devez avoir pour ce poisson, bien qu'il arrive en avril, toutes les attentions hospitalières que mérite un étranger qui vient vous rendre visite et qu'on voudrait ne plus laisser partir.

Il faut donc se hâter de jouir de ce fin habitant de l'onde, car la visite qu'il fait chez nous, en bon état, ne dure guère, et deux mois à peine lui suffisent.

Le seigneur Maquereau, que les gastronomes ont nommé le plus spirituel des poissons, est toujours fidèle à son usage de venir en plus grand nombre à la fin d'avril et en mai étaler, sur la nappe du riche et sur la nappe du pauvre, son habit chatoyant comme les pierres précieuses. Ce poisson, que par habitude on voit toujours servi sur un beurre de persil, réussit bien sur un beurre noir; la tartare, la sauce tomate, la mayonnaise ne lui refusent pas leurs utiles services. Apprêté *à la bretonne*, on n'a plus qu'à se lécher les doigts, car à cette sauce on ne laisse rien de sa chair sur le plat.

Nous sommes au moment le plus opportun pour dire un mot sur les truites d'eau douce, qu'il faut avoir soin de ne pas confondre avec celles de mer qui arrivent avec les saumons.

Celles-ci, moyennes ou petites, se trouvent dans les lacs et rivières en Allemagne, et partout où il y a de petites rivières d'eau très-vive et limpide. On envoie celles d'Écosse (les meilleures de toutes), dans la belle saison seulement, à la halle de Paris. En novembre et décembre elles frayent, perdent en partie leur belle couleur *saumon* qui les fait appeler *saumonées*, et qu'elles retrouvent avec leur délicatesse à partir d'avril. Depuis ce mois jusqu'en septembre elles sont très-recherchées par les meilleurs gastronomes, qui les préfèrent au saumon, dont elles n'ont pas l'huile et la renommée d'être quelque peu indigestes.

Nous en avons trouvé en abondance dans les lacs de Genève et du Mont-Cenis, ainsi que dans beaucoup de lieux en Allemagne où elles sont connues sous le nom de *forelles*.

Une grande fraîcheur est la première qualité à rechercher dans ce poisson : on la reconnaît au brillant des écailles et à la vivacité de l'œil. Les grosses et moyennes se préparent comme le saumon.

En outre, on pêche en France, en tout temps, dans les cours d'eau vive et claire, de petites Truites à chair blanche, dites DE RIVIÈRES. Elles n'ont pas plus de trente centimètres de long et sont très-délicates et recherchées.

MAI (Floréal).

Mis par les Romains sous la protection du seigneur APOLLON.

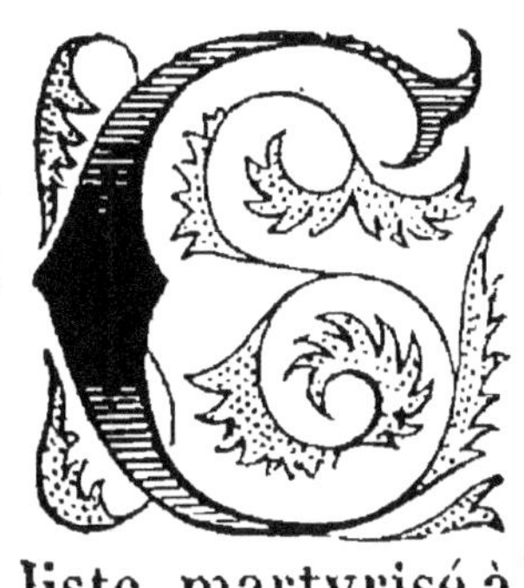

e beau mois, orné de fleurs, est consacré par les grandes fêtes religieuses de l'*Ascension* et de la *Pentecôte*.

Nos confrères les typographes fêtent dévotement le 6, saint JEAN l'Evangéliste, martyrisé à Rome devant la porte Latine.

Messieurs les avocats et gens de loi fêtaient grandement autrefois le 19, saint YVES, qui avait lui-même été un bienveillant avocat des pauvres, puis ensuite curé vénérable.

Le doux mois de mai nous apporte, avec les fleurs printanières, avec sa verdoyante parure, le meilleur laitage, le meilleur beurre, les fromages à la crème et les œufs, qui abondent en quantité comme en qualité; déjà on voit les petites pommes de terre hâtives, les choux cœur de bœuf, les petits radis, si délicats quand ils ne sont pas venus sur le fumier et à force d'eau. Les petites carottes nouvelles font de très-bons entremets, parce qu'elles n'ont pas encore acquis cette saveur forte qui donne du goût à la soupe, mais qui ne va pas à tous les palais. Les laitues font d'agréables salades mêlées à des jaunes d'œufs, et relevées par des quatre épices et de bonne huile.

Mai se distingue par l'abondance des asperges, charme et ornement des tables au printemps, si, toutefois, avril a bien voulu nous l'amener.

Dans les années non phénoménales, mai voit commencer les petits pois de pleine terre, aussi les Parisiens reconnaissent-ils le mai printanier, quand ils entendent chanter par les rues : *Pois ramés, pois écossés, pois verts au boisseau ;* ou bien :

> Ma botte d'asperges,
> Ma botte d'asperges !

sur l'air de :

> Qu'il était beau,
> Qu'il était beau !...
> (*Le postillon de Lonjumeau.*)

Les pigeonnaux arrivent et se laissent docilement placer sur un lit de ces doux et tendres légumes. La romaine blanchit ; ses feuilles couleur beurre frais en ont la douceur et la suavité, surtout quand on fait usage de la variété panachée. La délicatesse de la constitution de cette aimable romaine ne permet pas qu'on la transporte au marché, meurtrie qu'elle serait dans une cahotante charrette ; si on est assez heureux pour la cultiver soi-même, on ne veut plus de celle du marché, trop souvent verte et aqueuse.

On a des artichauts venus par les chemins de fer, des épinards, de l'oseille, du cresson ; le maquereau fait encore briller les couleurs miroitantes de sa robe, et de tout jeunes poulets viennent nous indemniser de la privation de la volaille depuis les jours gras.

La caille paraît de mai en septembre, et nous donne des leçons d'économie qui devraient lui faire trouver grâce ; mais le gastronome est sans pitié pour un oiseau dont la chair est si friande. Heureusement, à cette époque, une loi sévère protége les cailles et tous les autres volatiles qui égayent nos bosquets et nos champs.

Le poisson de mer devient moins commun, à cause de la difficulté du transport au soleil, la raie ayant seule le privilége de supporter la mortification. On en trouve la compensation dans les poissons des rivières que l'on a à sa portée, dans la carpe et la perche, très-estimées en cette saison, et dans les écrevisses, quoiqu'elles ne soient pas encore dans leurs meilleurs mois.

Les jardiniers primeuristes livrent à la consommation, en bien meilleure qualité que dans les mois précédents, et à des prix accessibles, des haricots verts et des fraises, du moins pour Paris; car dans le Midi ces productions sont déjà communes.

Il y a encore quelques poires et pommes dans le fruitier.

Les groseilles *vertes*, dites groseilles à *maquereau*, quoiqu'on n'en emploie pas souvent à cet usage, sont déjà à leur point pour faire des flans et des compotes. Avec les abricots verts d'éclaircie on fait aussi des compotes.

JUIN (Prairial).

Dédié à Mercure et à Junon par les Romains.

Le mois de juin voit la Fête-Dieu, et les processions fleuries, la fête de saint Jean, et celle des saints réunis : Pierre et Paul, apôtres, Pierre patron des marins, des maçons, des serruriers et des tailleurs. Le 8, on ne fête guère, mais on remarque, dans le calendrier, le nom de saint Médard. Et pourquoi? c'est parce que, s'il pleut vers ce jour où on l'a placé, sans son aveu, dans le calendrier, un peu avant ou après, il pourra pleuvoir longtemps. A cause de cela les marchands de parapluies se sont mis sous sa protection par un motif peu louable!

Le 24, est la fête du saint qui a mis en usage le baptème, cause de beaucoup de repas et d'une immense consommation de dragées. Saint Jean, cependant, était peu gastronome, car il ne vivait que de sauterelles, lorsqu'il habitait le désert. — Comment les confiseurs ne l'ont-ils pas pris pour patron!

13

Pour que le gastronome ait, selon le dire : « le dos au feu et le ventre à table, » il faut qu'il puisse faire du feu. Il faut aussi que, dans sa cuisine, l'artiste quelconque qui la gouverne ne soit pas obligé d'employer du bois vert qui ferait languir et manquer les rôtis et la pâtisserie. Pour remplir ce but important, il surveillera ses serviteurs et ses fournisseurs, selon les conseils ci-après.

De juin à octobre on rentre à couvert, soit dans un bûcher, soit sous un hangar, le bois en bûches ou en fagots qui a dû rester à l'air depuis son abattage dans l'année précédente. Si on le rentrait plus tôt, il serait, dans un local intérieur, beaucoup plus longtemps à sécher que quand il a passé jusqu'en juin à l'air. Il est bon d'en avoir toujours provision, de manière à ne le brûler que deux années entières après qu'il a été coupé.

Quand les chaleurs commencent, penser au vin et fermer les soupiraux de la cave, qui laisseraient pénétrer les rayons du soleil, lesquels détérioreraient les meilleurs crus.

Le beau mois de juin est le pivot sur lequel roule l'année gastronomique. Non-seulement il décide du sort des légumes et des fruits, mais aussi, de lui dépendent les pâturages et les grains, et par conséquent, la boucherie et la basse-cour. Ce n'est que par une chaleur douce et tempérée, par des pluies modérées, chaudes et intermittentes, que la végétation prospère et communique à toutes les productions de la terre cette séve vivifiante sans laquelle rien ne croît.

Mais ce ne sont pas seulement les *gastronomes* que la température du mois de juin intéresse : les *gourmets* * en suivent les variations avec une attention peut-être plus grande encore. C'est dans ce mois que fleurit la vigne, et cette fleur décide du sort de la vendange.

Si vous avez des treilles, et qui n'en a pas? combattez la maladie du raisin ; faites la soufrer dès avril, avec un soufflet fait pour cela, aussitôt le grain formé, puis aussitôt la défloraison, puis encore une fois si vous voyez la maladie paraître sur quelques grains. Ne craignez rien : si vous n'avez employé que de la fleur de soufre pur de tout mélange, il n'en restera pas trace sur les grappes, et vous aurez sauvé votre récolte d'une perte certaine.

Plus nous avançons dans la belle saison, et plus le cercle des jouissances gastronomiques se rétrécit. Du moins quant à celles que procurent la boucherie, la basse-cour, les plaines et les forêts, car les jouissances vé-

* Au nom du ciel ne confondez pas ces deux mots : GASTRONOME et GOURMET : ce dernier ne se rapporte qu'aux *connaisseurs* EN VIN. Consultez l'Académie. Tous les jours des gens, même instruits, font cette confusion.

gétales sont, au contraire, fort multipliées.

Le bœuf a perdu de sa qualité, mais les veaux et les moutons, nourris au vert, sont plus succulents que jamais. Les poulets nouveaux, qui, en mai, n'étaient bons qu'à fricasser, sont bons à rôtir avec les pigeons, les canetons et les cailles. Il y a déjà des poulardes, même des dindonneaux, rôtis si distingués et si honorables.

Quant au poisson, nous ne pourrions que répéter ici ce qui a été dit en mai.

Les végétaux sont goûtés avec grand plaisir, quand on les a aussi abondants et variés que dans ce mois et le suivant, où l'on jouit à la fois des haricots verts, pois, petites fèves, artichauts, choux-fleurs, des ognons blancs, alors doux et sans âcreté, des navets, compagnons des pigeons et des canetons, également jaloux d'être servis aux pois. On cueille les cardes-poirées, laitues, romaines. Les épinards montent; on les remplace par des feuilles de betteraves et par l'arroche ou belle-dame. L'oseille elle-même rend des services. Les concombres servent en hors-d'œuvre ou comme plats.

Les fraises hâtées en mai viennent en juin naturellement avec leur saveur et leur délicieux parfum.

On a les groseilles, cerises et fraises, framboises et premières petites poires à la fin du mois.

PARTIE D'ÉTÉ.

JUILLET (Messidor)

MOIS DES MOISSONS.

Sous la protection de JUPITER.

> A la Madeleine
> La noix est pleine (22).
> A la Saint-Laurent
> On fouille dedans (10 août).

Il y a beaucoup de villages où l'on fête la Saint-Martin le 4, qui est le jour de la translation de ses reliques. Mais les amis de la joie manifestée à table ne connaissent que le saint Martin de novembre, où l'on peut mieux la garnir de mets solides et substantiels.

Le 22, la fête de sainte Marie-Madeleine nous rappellera que cette sainte a toujours été une personne digne du plus profond respect, amie de Jésus-Christ, et que l'on a confondue à tort avec la femme pécheresse de Naïm. Voir les *Notes pour un plaidoyer en faveur de sainte Marie-Madeleine,* 1860. Se distribue *gratis* chez Audot.

Sainte Anne, le 28, est encore une sainte accablée de bouquets dans le mois de juillet, ainsi que les Anna, Annette, Anaïs, Nanine, Ninette et Ninou, qui, tous, dérivent de Anne et signifient *grâce.*

L'alimentation végétale n'est, en général, que d'un intérêt secondaire pour le vrai gastronome, et dans la saison d'été il n'a de plaisir solide qu'en savourant le veau bien nourri par le lait abondant que puise sa mère dans les vertes prairies; les chaleurs lui font dédaigner alors les autres quadrupèdes de la rue des boucheries et les produits du charcutier. S'il a occasion de chasser en champ clos, il pourra se régaler des oiseaux de passage, qui s'éloignent en octobre pour un climat plus doux, puis des jeunes levrauts et lapereaux dont on peut disposer.

Dans cette saison la caille est grasse et forme un rôti des plus recherchés; aussi cet aimable petit oiseau que l'on devrait toujours laisser vivre, est-il fort cher à Paris et partout. Quand on a le malheur d'en avoir tué un, il faut pourtant en prendre son parti et le servir à la broche, bardé d'un paletot de lard et enveloppé d'une feuille de vigne.

La caille, oiseau de passage en France, y

arrive fin d'avril, pour nous quitter après les chaleurs après avoir fait quatre pontes. Nous l'avons vue en mars à Naples arriver d'Afrique, mais lasse et maigre, et en si grande abondance, que l'on en donnait cent pour le prix que l'on en vend une grasse à Paris.

Les canetons domestiques, les dindonneaux, les poulardes et les coqs vierges, célibataires de la basse-cour, sont à notre disposition, ornés de leur adolescence et d'une chair pure et sans reproche.

Le jardin offre ses trésors dessus et dessous les arbres. Les haricots verts ont gagné, et les blancs sont venus les aider dans leurs fonctions. Les artichauts, les choux-fleurs sont dans toute leur bonté, même les choux à jets, à présent plus communs et plus parfaits chez nous qu'à Bruxelles même.

Les laitues et les romaines ont atteint leur perfection; les chicorées frisent, les tomates rougissent, et les pommes de terre sont plus farineuses.

Les fruits rouges sont parfaitement mûrs et l'on récolte les prunes de reine-Claude, les abricots, cerneaux et amandes vertes.

En juillet et août on fait les conserves de fruits en bouteilles. Nous avons la satisfaction d'annoncer qu'une cuisinière vraie artiste en son genre, madame Elisa Jackson, nous a fait connaître un procédé inconnu jusqu'ici pour le bouchage, qui évite le bouchon de liége, l'emploi du fil de fer, du goudron et la casse, ce qui permet une grande économie de temps et de peine. Nous allons le publier dans la quarante-quatrième édition de notre *Cuisinière*.

On commence déjà à profiter de l'abondance des œufs pour conserver les premiers et s'en servir avant ceux que l'on amassera plus tard pour l'hiver.

Les melons de seconde saison ou de couches sont en plein rapport; ils embaument nos salles à manger.

Les épinards sont âcres en été, ils montent et ne peuvent plus guère fournir. Cependant si on en a semé souvent et qu'on les ait bien arrosés, on en jouit encore. On les remplace, en ce mois, par du cresson de fontaine cuit en épinards, par la tétragone, par de jeunes feuilles d'orties ou par des feuilles de blé sarrasin.

Tout ce qu'il y a dans le jardin est en plein produit quant aux plantes potagères et aux fraisiers, ainsi que les figues, abricots, cerises, guignes, bigarreaux, framboises, groseilles à grappes et à maquereau, cassis, mûres, pêches, prunes et poires hâtives, même des pommes tendres d'été.

AOUT (Thermidor).

MOIS DES CHALEURS.

Dédié à *Cérès* par les Romains, qui consacraient le 18 à la mémoire des *Sabines*, dont l'enlèvement eut lieu ce jour.

---

es fêtes d'hiver sont, pour la plupart, des fêtes mangeantes. Celles que nous recommande le calendrier depuis mai jusqu'en septembre sont plus tranquilles, et ne font pas autant résonner les casseroles. Elles conduisent naturellement aux danses champêtres.

Nous avons en août :

Le 1ᵉʳ, sainte Sophie, dont le nom se traduit par *sagesse*. On n'est pas dans l'usage de la fêter.

Le 2, sainte Claire, fondatrice de l'ordre du *silence perpétuel*. Les gastronomes pratiquent, à son égard, le silence le plus complet.

Il n'en est pas de même de la belle fête de

l'Assomption, où l'on accable de fleurs les nombreuses et souvent charmantes personnes qui portent le nom de Marie, et ceux de Maria, Mariette et Marianne qui en dérivent. L'étymologie n'est cependant pas aussi heureuse que celle de Sophie, car le nom de Marie, traduit de l'hébreu, veut dire *amertume.*

Celle de Napoléon, dont le chef glorieux de la famille est né le même jour, sera à jamais mémorable.

Saint Louis rappelle aussi des noms illustres, et la grande quantité des Louis qui existent fait aussi cueillir grand nombre de très-beaux bouquets.

La saint Fiacre se fait remarquer, car c'est celle des horticulteurs, très-dévots à leur patron. Les paroissiens de Sainte-Marguerite, au faubourg Saint-Antoine, connaissent bien la Saint-Fiacre, par la belle fête où les jardiniers remplissent l'église de fleurs et de piles de pains bénits. Nous n'avons pas besoin de dire que de copieux repas ont lieu à la suite de la messe de saint Fiacre, et que l'on n'y boit pas que du vin de chasselas. Ce n'est sûrement pas la faute du bon saint si les premières voitures publiques de Paris ont été logées dans l'auberge ayant pour enseigne saint Fiacre, dont elles ont pris le nom de *fiacres.*

Août n'est pas plus généreux en bonne

chair solide que son aîné le mois de juillet, et les gastronomes aisés ne sont plus retenus dans les villes par l'attrait que ce genre de jouissance peut procurer. S'ils ne sont pas partis, selon la mode actuelle, pour respirer l'iode de la mer, ou boire de l'eau sulfureuse au goût d'œufs pourris, ils sont allés chercher la fraîcheur aux champs et dans leurs bois, où, s'ils ont des enclos giboyeux, ils attaquent déjà les perdreaux, les lapereaux et les levrauts qui les habitent.

Il n'y a pas jusqu'au cochon de lait que la barbarie de l'homme ne sache épargner malgré son innocence; et pourquoi? Pour manger sa peau : car sa chair est aussi indigeste que fadasse.

Il faudrait, dans ce temps où la viande de boucherie, que les grandes chaleurs altèrent vite, n'est plus si goûtée, penser à Jeannot lapin, qui est encore d'une ressource utile dans les maisons de campagne. On l'accommodera *au père Douillet,* vieille méthode oubliée que nous avons fait revivre en y ajoutant l'esprit de la cuisine actuelle. A la broche, sans doute, le lapin qui a joui dans les bois de la liberté de ses actions a un fumet plus délicat; mais si on lui donne la préparation du civet, ou de quelque autre ragoût où l'on fasse entrer des morilles, on lui reconnaîtra encore certain mérite.

Nous prions les lecteurs de se reporter à ce

qui a été dit sur les produits de juillet et qui existent encore dans le présent mois d'août.

On continue donc à jouir des romaines, laitues, scaroles, chicorée frisée, choux d'York, choux-fleurs d'été, melons, concombres, radis, cornichons, oseilles, tomates.

On ne récolte pas de câpres dans le Nord, mais on peut les remplacer par des *boutons à fleurs* de capucines, que l'on recueillera petits. On les mettra à mesure dans le vinaigre, en les assaisonnant comme les cornichons à froid. Il ne faut pas les confondre avec les *graines* prises après la floraison. Cette récolte vaudrait bien la culture de cette charmante plante appuyée sur quelque bas treillage.

A la fin du mois on conserve les œufs : c'est le meilleur temps, et il se prolonge encore une partie de septembre, ou, comme on dit, entre les deux Notre-Dame.

Il faut faire dans la maison bon nombre de flancs et de tartes de fruits pour employer les pommes d'été et les poires hâtives *. Les figues mûrissent et les pêches sont dans leur éclat ; les mûres sont bien mûres, et le raisin de treille orne déjà les desserts.

Faites, mesdames, des beignets de pommes, d'abricots et de pêches, même de fraises et de framboises.

---

* On voit que nous pensons souvent au *Gastronome à la campagne*, et dans tout état de fortune.

Nous sommes arrivés à un mois où l'écrevisse peut figurer avec plus d'honneur sur les tables des vrais amateurs.

L'Ecrevisse d'eau douce grossit lentement et vit, dit-on, vingt ans, quand elle n'a pas reçu notre visite.

Les meilleures habitent les eaux limpides et courantes. La Seine en fournit de bonnes, mais on se trouve heureux quand on a pu en recevoir de celles qui ont été pèchées dans la Meurthe, dans la Meuse et surtout dans le Rhin, qui en fournit d'une belle venue.

On sait que le *test*, la *caparace*, se renouvelle au printemps et dans une partie de l'été, mais on s'en aperçoit peu parce que le nouvel habit prend en quelques jours la même consistance que l'ancien. Bientôt les écrevisses sont en bon état pour la cuisine, et l'on commence à en faire usage dès le mois de juin. Cependant les amateurs préfèrent commencer à les faire servir, vers les mois d'août et de septembre, pour jouir de leur plénitude et des progrès qu'elles ont pu faire dans la saison.

On doit choisir celles qui ont une nuance verdâtre-claire, et ne pas accepter les noires. La nuance rouge aux pattes est encore recherchée.

Elles portent des œufs en avril et mai, puis elles recommencent à en produire en octobre.

Souvent les amateurs sont arrêtés au milieu

de la jouissance d'un beau buisson d'écrevisses, parce que le test si rocailleux de son vêtement fatigue les lèvres et les gencives. Alors il faut employer le moyen convenable aux gastronomes édentés, avoir sous la main une jolie petite pince d'acier, avec laquelle on brise les aspérités avant de les porter aux lèvres..., de sorte qu'il n'y a plus qu'à éplucher et sucer.

Le véritable amateur n'estime guère une écrevisse froide. Il se la fait servir chaude dans le repas intime et la pêche à mesure dans la casserole d'entremets, où elle baigne dans son court-bouillon.

On a traité de l'écrevisse de mer : le homard, dans le mois d'octobre, page 34.

Nous revenons à un grand saint du mois pour demander la permission de consacrer quelques lignes à une partie de la vie privée de l'homme dont on a tant parlé. Nous voulons faire entrevoir « *Napoléon à table* ».

S'il jugeait et opérait à la guerre avec une grande promptitude, sa vivacité était la même à table, car il n'y restait jamais plus de vingt minutes, mangeant peu, buvant de même. Comme il n'y avait jamais qu'un service, après avoir donné le potage, on devait le remplacer lestement par les mets que l'empereur avait désignés; sans cela il prenait une amande ou quelque autre partie du dessert. Lorsqu'il se levait, tout le monde l'imitait; il passait dans le salon, où il savourait une tasse de café. On doit croire que toutes les personnes qu'il avait invitées à dîner faisaient un fort déjeuner d'avance, ou retournaient ensuite dîner chez elles. Celles qui mangeaient avec lui pour la première fois, et qui n'étaient pas instruites de ses habitudes, mouraient de faim. Il leur était impossible de dire qu'elles avaient fait un repas de roi, quoique sa table fût parfaitement servie; mais rien ne pouvait l'astreindre à y rester. Cette célérité gênait beaucoup l'impératrice, qui parfois avait faim, et ne trouvait pas le temps de satisfaire son appétit.

Un jour le Directoire avait cru devoir offrir un banquet au général Bonaparte; on avait choisi pour lui faire plus d'honneur une salle à manger magnifique, voisine du petit Luxembourg, qui était le palais où présidaient les cinq directeurs. Cette salle était tout simplement la vaste et belle église de Saint-Sulpice. Bonaparte arrive, se met à table, puis quinze minutes après se lève. On crut qu'il avait un sujet de mécontentement... On se trompait : — le général avait dîné.

Quand il dînait au palais des Tuileries, on le voyait piquer avec sa fourchette dans les plats à tort et à travers, et se servir ainsi lui-même sans demander ni rien attendre.

Nous rapporterons, d'après le cuisinier

Carême, ce qui suit, qu'il a fait imprimer dans l'un de ses ouvrages, et qui lui a été raconté à lui-même par le propre maître d'hôtel de l'Empereur.

« Un jour l'empereur demanda à son premier maître d'hôtel pourquoi il ne servait jamais sur sa table des crépinettes de cochon. Cette question parut bien étrange à l'officier de bouche. Quelle question et surtout quel désir! — Dunan se justifia en faisant remarquer que ce mets était bien commun. Il ajouta : « Sire, ce qui est indigeste n'est pas gastronomique. » Une autre personne dit : « Si Votre Majesté mangeait des crépinettes, elle ne pourrait pas travailler après le déjeuner. — Bah! bah! ce sont des contes; je travaillerais malgré cela. — Sire, répondit Dunan, Votre Majesté sera obéie demain à déjeuner. » Et le lendemain le chef des cuisines impériales servit le plat demandé; seulement les crépinettes étaient en chair de perdreaux; ce qui était bien différent. L'empereur en mangea avec délices. « Votre mets est exquis, monsieur, je vous en fais mon compliment.

» Un mois après (c'était dans le moment de la rupture avec la cour de Prusse), Dunan marqua des crépinettes sur le menu et les présenta au déjeuner [1]. Ce jour-là Murat et

[1] Le déjeuner se composait de six assiettes, sur

Bessières devaient déjeuner au palais, mais des affaires instantes les avaient éloignés de Paris à la fin de la nuit. Et alors c'est un bien autre accueil que reçurent les pauvres crépinettes! L'empereur parut bien changé pour elles, grand Dieu! Il venait d'avaler, à sa manière, en une seconde, quelques cuillerées de potage; quand, déclochant la première assiette, il aperçut son plat favori; sa figure se contracta; il se leva, repoussa la table et la renversa avec tout ce qui était dessus sur un magnifique tapis d'Ispahan, et s'éloigna en agitant ses bras, en élevant la voix et en jetant les portes les unes sur les autres jusqu'à son cabinet.

» L'officier du palais se crut foudroyé, et resta là, sur le plancher, immobile et brisé comme les belles porcelaines du service. Quelle tragédie traversait les Tuileries!!! Les écuyers tranchants étaient tremblants, et les valets de pied effarés s'étaient enfuis peu de minutes après. Cependant il aurait fallu revenir, se hâter de relever la table et de ramasser les débris; mais le maître d'hôtel, éperdu, s'était rendu chez le grand maréchal du palais pour invoquer ses conseils et ses bontés, et il y était arrivé avec la figure d'un

lesquelles se trouvaient des côtelettes de veau, du poisson, de la volaille, du gibier, un entremets de légumes et des œufs à la coque.

homme abîmé. — Duroc, dans sa parfaite tenue, paraissait froid et fier, mais il n'était ni l'un ni l'autre au fond. Il écouta le récit de la scène, et lorsqu'il la connut, il sourit et dit à Dunan : « Vous ne connaissez pas l'empereur; si vous voulez m'en croire, vous irez sur-le-champ faire recommencer son déjeuner et le plat de crépinettes. Vous n'êtes pour rien dans cet éclat; les affaires seules en sont la cause. Quand l'empereur aura fini, dans une heure peut-être, il redemandera son déjeuner. Allez, Dunan, et tenez - le prêt. »

» L'excellent maître d'hôtel ne se fit pas prier, et courut faire exécuter ce second déjeuner. A peine était-il prêt que l'empereur sonna et le demanda. Dunan alla jusqu'à l'appartement, et Roustan servit. — Ne voyant pas à ses côtés le maître de service, Napoléon demanda avec douceur et vivacité où il était, et pourquoi il ne servait pas. Alors Dunan reparut la figure encore toute pâle, mais les mains munies d'un beau poulet. L'empereur lui sourit gracieusement, mangea une aile de ce poulet, un peu de crépinettes, et loua ensuite la finesse du déjeuner. Puis, faisant signe à Dunan d'approcher, il lui toucha la joue à plusieurs reprises, en lui disant d'un accent ému : « Monsieur Dunan, vous êtes plus heureux d'être mon maître d'hôtel que je ne le suis, moi, d'être l'empe-

reur de ce beau pays. » Il acheva son déjeuner en silence; tous ses traits étaient
affectés.

» Dunan vit ce jour-là que les chagrins
pouvaient aussi entrer dans l'âme et dans
l'esprit de celui au dessus duquel il n'y avait
rien dans le monde; il en fut vivement
affligé, car il adorait son maître. »

Carême, qui a été en rapports de confra-
ternité avec le cuisinier de Sainte-Hélène,
raconte avec un vif sentiment de douleur
tous les maux que le geôlier anglais fit souf-
frir au grand monarque déchu, et rapporte
surtout les vexations relatives à la nourriture. L'ile ne produisait rien, et tout ce qui
arrivait du dehors était souvent avarié. Le
gouverneur s'appropriait le peu qu'il y avait
de passable et envoyait le reste à Longwood.
Par exemple, l'épaule du bœuf arrivait là,
mais le quartier de derrière était pour sir
Hudson.

Que l'on juge de la difficulté, pour le cuisinier, de préparer quelque chose de bon!

Un jour, dans son exil, Napoléon, en souvenir de la vie des camps, demanda une
soupe de soldat pour son déjeuner. Mais son
cuisinier, qui avait été militaire, n'osa point
la servir à son auguste maître selon la coutume du régiment : il la fit légère en pain et
dessus on voyait des haricots. L'empereur
n'en fut pas content et dit à son chef de cui-

sine : « Tu as été militaire, tu sais bien que ce n'est pas là la vraie soupe du soldat : eh bien! pour demain fais-m'en une meilleure. » En effet, le lendemain l'empereur eut une soupe avec beaucoup de pain et plus de haricots; la cuillère aurait bien tenu au milieu. Le maître en fut content, en mangea peu, et n'en demanda plus.

En racontant d'après les gens de Longwood les détails de tous ces faits, Carême nous donne la courte nomenclature des mets que Napoléon préférait par goût naturel : la volaille rôtie, les sautés de volaille, les poulets sautés à la Marengo, à l'italienne, à la provençale sans ail, des fricassées de poulet, quelquefois au vin de Champagne (qui était très-cher dans l'île, vingt-quatre francs la bouteille), et des poulets à la tartare; puis des boudins à la Richelieu et des quenelles de volaille au consommé.

Cependant, à tous ces mets, Napoléon préférait les entrées de friture et de pâtisserie, tels que vol-au-vent, petites bouchées à la reine, petites timbales de macaroni à la milanaise et généralement le macaroni de quelque manière que ce fût.

Napoléon a toujours aimé l'ordre et l'économie dans son intérieur, et rien ne se faisait chez lui avec prodigalité.

Voici qui en donnera une idée dans le

Menu d'un Dîner de la famille BONAPARTE aux Tuileries, le samedi saint de l'année 1811.

Deux potages : Au macaroni. — A la purée de marrons.

Deux relevés : Une pièce de bœuf bouillie, garnie de légumes. — Un brochet à la Chambord.

Quatre entrées : Côtelettes de mouton à la Soubise. — Perdreaux à la Montglas.—Fricassée de mouton à la chevalière.—Filets de canard au fumet.

Deux rôtis : Un chapon au cresson. — Un gigot d'agneau.

Deux entremets de légumes : Choufleur au gratin. — Céleri rave au jus.

Quatre entremets sucrés : Crème au café.—Gelée d'orange. — Génoise décorée. — Gaufres à l'allemande.

Il est à remarquer que les reliefs de ce dîner devaient servir à la table des maîtres d'hôtel, des valets de chambre, des femmes de l'impératrice, *et cœtera*, dit M. le chambellan comte de Bausset, préfet du palais, qui a transcrit ce menu dans ses MÉMOIRES, première édition, mais qui l'a supprimé dans les suivantes, pour avoir été le but de toutes sortes de critiques.

Il n'en était pas de même des tables des hauts personnages du temps; on en pourra juger d'après les notes suivantes, tirées des ouvrages de Carême.

Sous le règne de Napoléon 1er la cuisine française était florissante. Les maisons impériales, celles des maréchaux, des ministres et des ambassadeurs étrangers, avaient toutes de la grandeur et de la dignité, mais avec des nuances plus ou moins sensibles, selon le caractère gastronomique des personnages, et, bien certainement, celle du prince Cambacérès ne pouvait pas devenir la première de France, car il s'occupait lui-même de sa table avec des soins de détail qui tenaient de l'avarice.

Les jours de grands dîners il prenait note des entrées qui n'avaient pas été entamées, ou qui l'étaient peu, et avec ces fragments de desserte il arrangeait à sa manière un menu qu'il donnait à son chef de cuisine.

Ah! si le satirique Boileau les avait vus, ces dîners, qu'aurait-il écrit, grand Dieu! contre le *gastronome* Cambacérès !

Il convient, sans doute, que le cuisinier emploie de la desserte, mais il est essentiel que ce soit avec discernement et mêlée à des choses nouvelles, de telle sorte que les convives ne puissent s'en apercevoir.

Comme archichancelier de l'empire, le prince recevait des cadeaux en comestibles, plus rares et plus précieux les uns que les autres ; eh bien, tous ces trésors étaient enfouis dans un grand garde-manger, et le prince en tenait par écrit la nomenclature et la date d'arrivée, de manière que le cuisinier avait la douleur de voir d'excellentes choses devenir mauvaises, car, pour les employer, il devait attendre le bon plaisir d'un maître de peu de goût, qui lui donnait, *par écrit,* l'ordre d'employer telle ou telle chose.

De telle sorte que des pièces qui, prises à temps, auraient été dignes de la table d'un Apicius, n'avaient plus ni fraîcheur ni qualité. Voilà, ce me semble, de l'antigastronomie !

Lorsque le règne de Napoléon eut cessé, sa maison, malgré la grande fortune qu'elle possédait, devint tout à fait inférieure par l'extrême économie qui la régissait.

Le prince avait conservé la manie des provisions en comestibles et en gibier qu'il recevait plutôt que de les faire servir à propos. Enfin on lui servait sur le gril la croûte des pâtés froids qui avaient paru près de deux mois sur sa table. Le cuisinier était obligé d'acheter chez un marchand de vin le vin qu'il lui fallait pour ses sauces.

Du temps de l'empire même il ordonnait à ses serviteurs de ne servir que huit des entrées sur les seize dont se composaient ses festins, et lorsque les convives demandaient de ces plats, le maître d'hôtel devait faire la sourde oreille. Les grosses pièces de pâtisserie de fond devaient servir toujours sans pouvoir être attaquées.

Il en était bien autrement de la maison du prince de Talleyrand, où tout avait de la grandeur et de la dignité. Le chef* de cuisine avait la confiance du noble amphitryon, qui le laissait seul régir son travail comme bon lui semblait.

Ce grand gastronome aima toujours la somptuosité de sa table en vrai amateur, aussi les dîners de quarante-huit entrées donnés à l'hôtel de la rue de Varennes n'eurent rien d'égal dans nos temps modernes.

Tous ces renseignements sont donnés par Carême dans son ART DE LA CUISINE FRANÇAISE, tome Ier, *Lettres à lady Morgan.*

La fête de saint Napoléon a été pour nous l'occasion de citer des faits de gastronomie qui ont pu donner lieu d'esquisser, comme nous l'avons dit, la figure de *Napoléon à table.*

Nous essayerons de placer ici à l'occasion de la fête de saint Louis, nom que dix-huit rois de France ont porté, des souvenirs d'autres faits du même ordre que l'on trouvera peut-être dignes de curiosité. On pourra se former

---

* On remarquera ici que Carême, le plus grand cuisinier qui ait jamais existé, dit toujours « le chef *de cuisine,* » et non simplement *le chef,* expression ridicule dont tant de personnes se servent.

ainsi une idée de la manière de vivre et de garnir les tables dans les siècles passés.

On lit dans le DICTIONNAIRE DE LA CUISINE FRANÇAISE, publié par Henri Plon, qu'au temps de Charlemagne on faisait cinq repas par jour : 1° le DÉJEUNER, qui n'avait pas lieu les jours de jeûne (de jeûner ou non jeûner); 2° le repas de dix heures ou *décim-heure*, et en abrégeant, décimer, disner, DINER; 3° le deuxième dîner ou GOUTER; 4° le repas du soir, SOUPER, à cause des soupes que l'on y mangeait; 5° la COLLATION, parce que, pendant ce temps, dans les monastères, on vérifiait les travaux d'écriture du jour.

Il ne nous reste pas de *menus* des repas des anciens rois de France, si ce n'est l'indication de nombreux plats de rôts, de faisans, de paons, et de cygnes ornés de leurs plumes, de fleurs et de détails d'orfévrerie. On y joignait force salades, pâtisseries et fruits.

Dans ces temps de chevalerie, la galanterie avait imaginé de placer les convives à table par couple, homme et femme. L'habileté du maître ou de la maîtresse de la maison consistait à savoir arranger son monde de manière que chaque couple fût content. Les deux personnes qui étaient placées ensemble n'avaient à elles deux, pour chaque mets, qu'une assiette commune, ce qu'on appelait manger à la même écuelle. Elles n'avaient également qu'une coupe pour boire.

Nous passons aux règnes où l'art gastronomique était dans le progrès.

Menu du repast offert au Roy, en 1666, au chasteau de Pontchartrin.

PREMIER SERVICE.

Huict pots à oille et seize hors-d'œuvre chauds.

DEUXIESME SERVICE.

Huict grands relevés desdicts potages et seize entrées de fines viandes.

TROIXIESME SERVICE.

Huict plats de rost et seize plats de légumes au coulis de viandes.

QUATRIESME SERVICE.

Huict pastés ou viandes et poissons froids et seize salades creües, à l'huile, à la cresme ou au beurre.

CINQUIESME ET DERNIER SERVICE.

Vingt et quattre pastisseries diverses, vingt et quattre jattes de fruicts creües, vingt et quattre assiettes de sucreries. Confitures sèches ou liquides.

Ce qui va suivre fait connaître des exemples de *gastronomie gourmande.*

Le duc de Saint-Simon dans ses MÉMOIRES et la princesse Charlotte de Bavière, mère du régent, nous font connaître le grand roi Louis XIV à table.

« Le Roi, dit-elle, feu Monsieur, Mgr le Dauphin et Mgr le duc de Berry étaient de grands mangeurs. J'ai vu SOUVENT le roi manger quatre pleines assiettes de soupes diverses, un faisan entier, une perdrix, une grande assiette de salade, deux grandes tranches de jambon, du mouton au jus et à l'ail, une assiette de pâtisserie, et puis encore du fruit et des œufs durs. Le roi et Monsieur aimaient beaucoup les œufs durs. » (*Correspondance de Madame, mère du régent*, tome II, p. 37, 1855.)

Feu MONSIEUR était Gaston, duc d'Orléans et frère du roi. Il mangeait quelquefois à son souper tout un jambon rôti, douze bécassines avec leurs rôties, une casserole de bouillie d'amandes, salades, concombres, gâteaux de confitures et des fruits tant qu'il en voyait à son couvert.

La princesse Charlotte de Bavière, tout en offrant à notre critique la manière de vivre de Louis le Grand, avait aussi bon appétit, mais elle absorbait une autre série de mets dont le roi s'amusait fort. Elle vivait de *soupe à la bière* et de *bœuf salé;* elle faisait venir de son pays d'une certaine *choucroute* qui exhalait là plus mauvaise odeur dans tout le quartier du château qu'elle habitait, et comme elle en voulait faire goûter par esprit national à ceux qui l'allaient saluer pendant son dîner, c'était à qui s'enfuirait.

Elle achevait ses repas avec des *poires tapées* et des *pruneaux fricassés* pêle-mêle avec du *lard et des ognons*, et puis des *salades* de *harengs crus* et de *pommes crues* assaisonnées *à l'huile* et *à la moutarde*. Enfin c'étaient des *galimafrées de colimaçons*, du pays de Bavière et des *tranches de melon* saupoudrées de *tabac d'Espagne.*

On lui faisait aussi des *confitures de panais* avec du *vin rouge* et *du miel.* Si vous étiez malade après un tel souper, elle avait de la *conserve de momie* toute prête. Elle ne tarissait pas sur les vertus digestives de la momie. (*Dictionnaire de la Cuisine française*, de Henri Plon.)

Voici une sorte d'autre menu établi par madame de Maintenon pour la maison de son frère, le comte d'Aubigné, nouvellement marié. Ces détails, extraits d'une de ses lettres datée de Versailles, 1678, caractérisent la célèbre marquise, et on y voit aussi le prix des denrées et les progrès du luxe depuis cette époque. Notez que la veuve Scarron était déjà marquise, et qu'elle avait déjà aussi fait la fortune de son frère.

Projet de dépense par jour pour 12 personnes, Monsieur et Madame, 3 femmes, 4 laquais, 2 cochers, 1 valet de chambre.

15 livres de viande, à 5 sous la livre .	3 liv.	15 s.
2 pièces de rôti.	2	10
Pour du pain.	1	10
Pour du vin	2	10
Pour du bois	2	10
Pour du fruit.	1	10
Pour de la chandelle.	»	8
Pour de la bougie	»	10
	14	13

« Voilà à peu près votre dépense, qui ne doit pas passer 15 livres par jour, le mois 500 livres, en y joignant le blanchissage, les flambeaux du poing, le sel et le vinaigre, le verjus, les épices et les petits achats de bagatelles. »

Nota. Il paraît que l'huile et le beurre s'employaient en petite quantité, puisque la marquise ne fait ressortir que la dépense des acides et du sel..... Quelles salades !

« Je compte 4 sous en vin pour vos 4 laquais et vos 2 cochers. Madame de Montespan donne cela aux siens, et *si vous avez du vin en cave* il ne vous en coûterait pas 3. J'en mets 6 pour votre valet de chambre et 20 pour vous qui n'en buvez pas pour 3, mais *j'ai pris tout au pis aller.*

« Je mets une livre de chandelle par jour; *c'en sont* 8 : une dans l'antichambre, une pour les femmes, *une* pour *les cuisines*, une pour l'écurie. Je ne vois guère que ces quatre endroits où il en faille. Cependant, comme les jours sont courts, j'en mets 8. Si Aimée est ménagère et sache serrer les bouts, cette épargne ira à une livre par semaine.

« Je mets pour 40 sous de bois que vous ne brûlerez que *deux ou trois mois* de l'année. Il ne faut *que deux feux* et que le vôtre soit grand.

« Je mets 10 sous en bougies, il y en a 6 à

la livre, qui coûte 1 livre 10 sous et qui dure trois jours.

« Je mets pour le fruit 1 livre 10 sous. Le sucre ne coûte qu'onze sous la livre, et il n'en faut pas un quarteron pour une compote. Du reste, on fonde un plat de pommes et de poires qui passe la semaine en *renouvelant quelques vieilles feuilles* qui sont dessous.

« Je mets deux pièces de rôti, dont on épargne une le matin quand monsieur dîne en ville, et une le soir quand madame ne soupe pas. Mais j'ai oublié une volaille bouillie pour le potage. Il faut se faire apporter dans un grand plat tout le bouilli, *qui est admirable dans ce désordre-là*. On peut fort bien faire passer les 15 livres, avoir une entrée de saucisses, un jour une fraise de veau, un autre de langues de mouton et le soir le gigot ou l'épaule avec deux bons poulets. J'ai oublié le rôti du matin (le dîner à midi) qui est un bon chapon, la pyramide éternelle et la compote. »

Nota. Il faut convenir que pour la table d'un comte qui a 4 laquais, 2 voitures et 2 cochers, qui est frère d'une marquise, favorite du plus grand des rois, voilà une gastronomie peu variée, avec sa fraise de veau, ses langues de mouton et une *éternelle pyramide* de poires et de pommes enrichie de vieilles feuilles sèches!

Voici de l'ordonnance de la même marquise un certain nombre d'années plus tard.

Menu d'un dîner de Saint-Cyr.

PREMIER SERVICE.

Un potage aux croûtons, garni de légumes de la marmite.

Pour *relevé de potage* la pièce de bœuf bouillie et garnie de petits pâtés.

Quatre hors-d'œuvre. Un de jarret de veau, un de côtelettes de mouton, un d'ailerons de dindons, un de griblettes (grillades de cochon).

DEUXIÈME SERVICE.

Quatre entrées. Une poularde à l'ognon, une de deux têtes d'agneaux, une de pigeons à la crapaudine, une de langue de bœuf.

TROISIÈME SERVICE.

Trois plats de rôt. Un de trois poulets, un de deux perdreaux, un de deux brochetons frits, deux salades cuites.

QUATRIÈME SERVICE.

Cinq entremets. Un d'asperges, un de cardes, un de crêtes et de queues d'écrevisses à l'huile, un d'œufs au lait au jasmin; un de petits gâteaux sucrés.

CINQUIÈME SERVICE.

Trois corbillons et quatre assiettes de dessert, suivant l'ordinaire de Madame.

NOTE. *Madame approuve le présent menu, sinon les écrevisses qui sont chose malsaine, et aussi les crêtes de coq par motif de bon exemple et bon ménagement de la maison.*

Nota. Quelques invités de distinction assistaient à ce dîner, outre le collége des jeunes élèves de la maison.

Menu d'une table de douze couverts, pour un SOUPER DU RÉGENT, servi moitié gras et moitié maigre.

PREMIER SERVICE.

Pièce de bœuf salé, garnie de carottes et de patates.

Deux potages.

Un maigre au coulis de brochet.
Un de navets : un canard dessus.

Deux plats de poisson pour relever les potages.

Une carpe à l'anglaise.
Water-fisch de vingt-quatre petites perches et quatre petits brochetons.

Dix entrées.

Filets de mouton piqués et glacés et des cornichons dessus.
Deux poulets piqués de persil, sauce espagnole.
Brochet à la polonaise.
Perches à la genevoise (six perches) et une bouteille de vin blanc.
Saurcroute maigre (un brochet).
Quarteron d'huîtres cuites avec une pinte de crème.
Noix de veau à la napolitaine.
Trois perdreaux en levraut.
Deux belles anguilles à la bavaroise.
Demi-cent de belles écrevisses.

SECOND SERVICE.

Reins de sanglier marinés (rognons)

Deux plats de pâtisserie.

Un gâteau fourré de marmelade d'abricots.
Une tourte à la glace (six pêches à l'eau-de-vie, une pinte de crème).

Quatre plats de rôt.

Éperlans frits, panés.
Deux poulardes.
Deux soles frites.
Deux canards sauvages.

Quatre salades différentes avec sauces.

Quatre petits entremets chauds.

Six ris de veau piqués et glacés.
Pieds de cochon Sainte-Menehould.
Petits pois secs à la crème, œufs pochés dessus.
Pommes de reinette à la chinoise.

On remarque ici des *reins* de sanglier (on veut dire rognons), qui devaient se faire remarquer par leur haut fumet au milieu de la brillante société des dames gastronomes, amies de l'amphitryon royal.

UN DINER DU TEMPS DE LA RÉGENCE, donné par l'ambassadeur de France à Rome, et cité par Debrosses dans ses spirituelles lettres sur l'Italie.

« Tous les ans, le jour de Sainte-Luce, 12 janvier, l'ambassadeur de France célèbre l'anniversaire de la conversion d'Henri IV par un superbe festin prodigieusement cher.

« Le duc de Saint-Aignan aurait voulu s'en dispenser cette année, et avait proposé à notre cour d'en employer la dépense à doter des filles dans quelques églises; mais la cour de France, qui sait que cette méthode est usitée à Rome, a répondu à l'ambassadeur qu'il eût à faire comme de coutume.

» Ce dîner n'est pas la chose du monde la moins curieuse qui puisse se voir ici. Nous étions cent cinquante assis des deux côtés d'une même table en fer à cheval, contournée en volutes par les bouts. Il y avait sept à huit cardinaux, l'Ottoboni, l'Aquaviva, l'Alente, l'Albani, l'Orsini, le Tencin et autres; le Canillac qui voudrait bien être cardinal aussi, des gentilshommes étrangers, un grand nombre de seigneurs romains, surtout ceux affectionnés à la France. Quatre maîtres d'hôtel faisaient le service avec leurs suivants distingués en quadrilles par des rubans de couleur : chacun avait son entrée par différentes portes du salon. Avant que de m'asseoir, je comptai quarante-neuf surtouts ou dormants chargés de cédrats. Le duc de Saint-Aignan me dit après le dîner qu'il en avait pour huit cents livres; ils formaient la ligne pour le fruit à venir, que l'on complète au dessert par deux lignes de cristaux surbaissés. Un déluge de valetaille inondait le salon; un maître d'hôtel vint nous prier de ne donner nos couverts et nos assiettes, quand nous en changerions, qu'aux gens de livrée de la maison. L'avis n'était pas inutile; car ce festin est un vrai pillage de maîtres et de valets qui se fait avec une scandaleuse indécence. Les potages ne furent pas plutôt desservis qu'une foule de valets étrangers vinrent avec des assiettes nous demander divers mets pour leurs maîtres; surtout un d'entre eux s'était attaché à moi d'affection, comme au plus niais de la troupe.

» Je lui donnai successivement un dindon, une poularde, un tronçon d'esturgeon, une perdrix, un morceau de chevreuil, des langues, du jambon; toujours il revenait à la charge. Mais, mon ami, lui dis-je, la table est également servie partout, pourquoi votre maître ne mange-t-il pas de ce qui se trouve de son côté. Il n'a pas l'air dégoûté, car je ne vis jamais personne manger de cette force là. Detroye, qui n'était pas éloigné de moi, me dit : Vous êtes bien dupe; tout ce qu'il vous demande, sous le vocable de son maître, c'est pour lui-même. En effet, je m'aperçus que les plus modérés fourraient à l'envi dans leur poche, enveloppant pour plus de propreté une poularde aux truffes dans une serviette : car le linge est aussi de bonne prise. Les plus intelligents escamotaient un plat; on les voyait sortir à la file du salon et emporter leur butin chez eux. Les plus prudents, pour ne pas aller jusqu'au logis et ne pas s'éloigner du lieu de la mêlée dans le plus chaud de l'action, avaient des relais sur l'escalier, tels que femmes et enfants qui voituraient les vivres dans leurs taudis. On m'assura même que l'émulation du pillage s'étendait jusqu'aux maîtres, et qu'un gentilhomme italien qui trouvait un plat à son goût, l'envoyait fort bien chez lui par son laquais. Le diable est qu'ils prennent non-seulement les plats, mais encore ce qui est dedans; en un mot, je suis indigné de toute cette conduite.

» Quand mon émissaire revint, je ne lui donnai plus que des crèmes; il s'en dégoûta et alla chercher pratique ailleurs.

» Au café, l'ambassadeur me dit qu'il y perdait vingt-cinq à trente pièces de vaisselle d'argent par année commune, et souvent de vaisselle d'emprunt, ce qui le fâchait le plus; il estime qu'indépendamment de cet article, la dépense du festin lui revient à près de douze mille livres. Je lui demandai pourquoi il souffrait une si mauvaise police, à laquelle il n'était pas difficile de mettre ordre. Ah! me répondit-il en riant, c'est une fête publique, il faut que tout le monde s'en ressente, grands et petits.

» Le plus beau coup de théâtre fut le moment du dessert. Tandis qu'on le servait on entendait tous les pieds trépigner d'impatience. A peine fut-il servi, que les bras se jetèrent de tous côtés par dessus nos épaules pour piller ouvertement; les valets de la maison, et même les pages, à l'imitation du chien d'Esope qui porte le dîner de son maître, se mirent au plus vite de la partie. Pas un des convives ne goûta de ce magnifique dessert; il fallut se lever et faire place. Il mourut, à cette journée, un nombre infini d'*agrumi confits* (citrons, oranges, cédrats), mais il ne resta pas un des cadavres sur le champ de bataille. »

Dans le menu d'un banquet offert au roi Louis XV, 8 septembre 1745, à l'Hôtel de ville, nous remarquons un aloyau, un quartier de veau, et encore le *hochepot* si dédaigné. Mais devant le roi en particulier *deux petits plats :* un de perdreaux blancs des Alpes, et un de becfigues, puis *quatre hors-d'œuvre :* filets de poulardes à la crème, côtelettes d'agneau grillées, bécasses à la minute, filets de perdreaux à la Périgueux.

A ce repas deux cent quarante plats ont été servis et cent trente assiettes de dessert.

Nous avons remarqué dans un grand nombre de menus anciens, le *potage* à la *Reine*. Ce potage, que l'on mentionne encore quelquefois, se compose de purée de blanc de volaille et d'avelines. C'était la soupe de tous les jeudis à la cour des Valois. Son nom lui vient de la prédilection qu'avait pour ce mets la reine Marguerite, première femme du roi Henri IV.

SOUPER DU ROI LOUIS XV à la Muette, samedi 18 février 1749.

Deux grandes entrées.

Râble de mouton de montagne.
Un quartier de veau, une blanquette dans le cuissot.

Deux oilles.

Au riz. — A la jambe de bois.

Deux potages.

A la Fonbonne. — Aux choux verts.

Quatre relevés.

Dindonneau à la peau de goret, sauce Robert.
Pâté de bécasses.
Quartier de sanglier.
Noix de bœuf aux choux-fleurs.

Seize entrées.

Côtelettes mêlées.
Petits pâtés à la Bechameil.
Langues de mouton à la duchèsse.
Petits pigeons aux truffes entières.
Haricots de mouton aux navets (*hochepot*).
Boudin d'écrevisses.
Filets de mouton à la Darmagnac.
Matelotte à la dauphine.
Noix de veau aux épinards.
Membres de faisan à la Conty.
Filets de perdreaux à la Périgueux.

Petits poulets à l'Urlubi.
Ris de veau à la Sainte-Menehould.
Sarcelles à l'orange.
Lapereaux en crépines.
Poules de Caux en escalopes.

Deux grands entremets.

Pâté de jambon. — Gâteau de Savoie.

Quatre moyens entremets.

Deux buissons d'écrevisses.
Deux gâteaux au fromage.

Huit plats de rôt non mentionnés.

Seize entremets.

Cardes au jus.
Crêtes au bouillon.
Amourettes.
Foies gras grillés.
Ragoûts mêlés à la crème.
Crème au chocolat.
Abaisse de massepain.
Œufs à l'infante.
Huîtres au gratin
Pattes de dindon à l'espagnole.
Asperges.
Truffes à la cendre.
Crèmes glacées.
Canelons meringués.
Choux-fleurs.

Ce menu est rapporté par Héliot dans les
SOUPERS DE LA COUR. On sait qu'alors le
souper était le repas qui est remplacé à présent par le dîner, on voit que le hochepot ou

haricot de mouton n'était pas alors aussi dédaigné qu'il l'est à présent par des cuisinières qui n'en sentent pas le mérite.

Voici quelques autres exemples de repas plus modernes *.

CARTE DINATOIRE pour la table du citoyen Directeur et général Barras. — Le décadi 30 floréal. — Douze personnes.

Potage.

Aux petits ognons, à la *ci-devant* minime.

Relevé.

Tronçon d'esturgeon à la broche.

Six entrées.

Un sauté de filet de turbot à l'homme de confiance, *ci-devant* maître d'hôtel.
Anguilles à la tartare.
Concombres farcis à la moelle.
Vol-au-vent de blancs de volaille à la Bechameil.
Un *ci-devant* Saint-Pierre sauce aux câpres.
Filets de perdrix en anneau (pour ne pas dire en couronne).

Deux plats de rôt.

Goujons du département.
Une carpe au court bouillon.

* Nous aurions pu donner un plus grand nombre d'exemples de ces repas du temps passé, mais nous avons craint de fatiguer nos lecteurs par de longues listes de mets.

Six entremets.

Lentilles à la *ci-devant* reine.
Betteraves blanches sautées au jambon.
Culs d'artichauts à la ravigote.
Œufs à la neige.
Gelée au vin de Madère.
Beignets de crème à la fleur d'oranger.

Salade.

Céleri en rémolade.

Vingt-quatre assiettes de dessert.

NOTE. *Trop de poisson. Otez les goujons. Qu'on n'oublie pas encore de mettre des coussins sur les siéges pour les citoyennes Tallien, Talma, Beauharnais*, Hinguerlot et Osbirande.*

Et pour cinq heures précises.

Signé : BARRAS.

———

Déjeuner pour le jour de Pâques chez MADAME DUCHESSE DE BERRY. Service en ambigu. Vingt-quatre couverts.

Quatre grosses pièces.

Jambon d'ours du Tyrol au vin d'Espagne et glacé.
Pâté de Périgueux aux truffes.
Dinde de galantine aux pistaches.
Brioche à la crème et au fromage de Brie.

Quatre entrées chaudes.

Sauté de volaille aux truffes.

* Depuis : madame Bonaparte.

Côtelettes de mouton à la bourgeoise.
Filet de bœuf glacé au madère.
Boudins de lapereaux à la royale.

Quatre entrées froides.

Fricassée de poulet à la gelée.
Noix de veau au beurre de Montpellier.
Salade de perdreaux.
Aspic garni de blancs de volaille.

Quatre plats de rôt.

Un agneau rôti en pascaline.
Faisans piqués.
Dindonneau au cresson.
Poule de bruyère.

Quatre entremets chauds.

Timbales de macaroni au jus.
Cardes à l'espagnole.
Truffes à l'italienne.
Champignons à la provençale.

Quatre entremets sucrés.

Gelée d'orange moulée.
Flan de pommes glacées.
Fromage bavarois aux pistaches.
Pudding à la moelle, sauce au vin de Xérès.

Quatre assiettes volantes.

Deux soufflés au rhum.
Deux biscuits à la crème.

Sandwichs variés, kouques, muffins et solilèmes à la moelle pour être servis avec le thé, le chocolat et le café à la crème.

SEPTEMBRE (Fructidor).

MOIS DE LA RÉCOLTE DES FRUITS.

Protégé chez les Romains par VULCAIN.

Notre calendrier ne nous offre à fêter que (le 22) saint MAURICE, qui se trouve à la fois le patron des militaires, parce que lui-même faisait partie de l'armée romaine, et aussi patron des teinturiers, quoique cependant il n'ait jamais fait partie de la classe de MM. les teinturiers-dégraisseurs.

Mais Septembre nous a invités dès le 7, et les trois dimanches suivants, à nous transporter à Saint-Cloud, grande fête à huit kilomètres de Paris, où l'on va encore danser et manger du pain d'épices, mais où autrefois il y avait grand dîner sur l'herbe de tous les Parisiens qui y portaient leurs trois services sous le bras, à pied, en charrette ou sur la galiote. A présent il leur faut de bonnes tables de restaurant bien fournies!

Dans ce mois le soleil est moins ardent, l'atmosphère se rafraîchit, l'appétit se réveille sous l'influence d'une température moins absorbante ; les jours plus courts n'engagent plus autant à sortir après dîner, et l'on reste volontiers plus longtemps à table. Le boucher s'approvisionne davantage pour fournir aux besoins de la maison et du château, et la ménagère lui fait de plus fréquentes visites.

Le moissonneur se repose, sa tâche est accomplie ; le cuisinier, à son tour, va récolter des lauriers. La chasse est prête à s'ouvrir, et bientôt l'on renouvellera connaissance avec le gibier. Heureux alors le chasseur qui peut jouir du premier moment accordé par la loi ; plus heureux encore celui qui possède une chasse close, ou qui y est convié, et peut offrir avant le temps les prémices de son adresse !

Le gibier domestique, le canard et le lapin sont dans leur perfection, perfection relative toutefois, eu égard au goût du consommateur ; les autres habitants de la basse-cour ne font que croître et embellir.

Les locomotives (dont la première idée est née, sans doute, dans la cervelle d'un gastronome) commencent à charrier en quelques heures le poisson de mer vers nos cuisines. Le plus délicat, bien qu'un des plus petits habitants de l'onde amère, l'éperlan, vient encore faire briller à nos yeux ses écailles diaprées des perles auxquelles il doit son nom.

Le jardin ne cesse pas d'être bien garni, on doit toujours y trouver bon nombre de chicorées, de scaroles et de choux-fleurs. Les concombres disparaissent, ainsi que la romaine.

La chair des melons perd de sa saveur, et ce fruit va bientôt disparaître, si le mois n'est pas chaud.

Les artichauts méritent encore la barigoule dans les lieux où l'on sait en faire venir de tardifs. Presque tous les légumes de l'été donnent encore.

Vers la fin du mois, les vendanges commencent en bons lieux.

Aux fruits on ajoute le raisin, et l'on mange encore des pêches juteuses.

Les cerneaux sont devenus noix ; la causerie fait oublier qu'elles noircissent un peu les jolis doigts qui les touchent, inconvénient du reste facile à corriger en se frottant les mains d'acide tartrique, qui leur rendra leur carnation rosée, ou simplement avec un linge imbibé de vinaigre, ayant soin de ne pas mouiller avant ses doigts avec de l'eau. La douce noisette n'a pas ce désavantage, et l'on en fait usage dans les dîners peu fastueux.

DES FROMAGES.

Pendant l'été les animaux ont été au pâturage, et l'on a profité de ce temps comme on profitera encore de tout le temps favorable, pour fabriquer les fromages de garde. Ceux faits dans l'hiver ont la réputation de ne produire que des qualités inférieures. Il n'est donc pas hors de propos de donner quelques détails sur leur sujet.

Nous n'avons pas besoin de parler des fromages *frais* A LA CRÈME, que les dames savent si bien faire préparer. Plus le caillé est frais, bien égoutté, la crème fraîche et abondante, et plus ils sont délicats.

Ceux qui en approchent le plus sont les fromages de NEUCHATEL, ville de la Normandie. Ceux-ci étaient très à la mode, et alors on pouvait dire : heureux ceux qui reçoivent ces délicieux *bondons* dans toute leur fraîcheur et leur perfection.

Maintenant, on a donné à la crème qui les compose différentes formes et différents noms qui s'appliquent à des petits fromages non moins délicieux. En ce moment, le fromage CAMENBERT est en grande vogue ; il présente l'avantage d'être très-fin et point sujet à couler comme le Brie.

L'an dernier, plusieurs autres étaient réputés que nous ne retrouvons plus chez les marchands. Nous trouvons en revanche le fromage de Nacqueline, supérieur à tous les autres pour sa finesse, et aussi pour l'élévation de son prix. Le dépôt est chez Chevet.

On ne parle plus du célèbre fromage de Viry, autrefois le plus recherché de tous ces fromages crémeux.

On peut plus facilement jouir de toute la bonté des bondons de Neuchatel raffinés, qui peuvent se transporter et se garder quelque temps. Mais quelle différence entre les fromages frais et les fromages raffinés, tout délicats qu'ils sont! Ils ne semblent plus être de la même famille et du même pays.

Le Mont-Dore, près de Lyon, n'a plus ses vingt mille chèvres qui donnaient le fameux fromage du Mont-Dore. Il n'y a plus ni chèvres ni fromages.

Le Géromé peut être mis en usage par des buveurs, dans leurs déjeuners particuliers, mais il ne peut approcher de la salle à manger, à cause de son odeur excessivement pénétrante.

Par la même raison, on ne pouvait plus *sentir* le Marolles, si utile aux déjeuners des artistes en bâtiments. On l'a remplacé avec avantage par le Rollot.

On fait toujours accueil aux fromages de Compiègne, de Troyes, d'Olivet, de Livarot.

On imite partout les fromages de BRIE, mais sans parvenir à cette perfection dont le souvenir poursuit jusqu'au bout du monde le gastronome qui a habité dans le voisinage de la Brie.

Ceux que nous venons de nommer s'y rapportent souvent par leurs bonnes qualités. Ils ont l'avantage de se présenter en petits formats maniables et transportables, tandis que le large Brie ne peut être entamé sans se mettre à couler comme une fontaine de lait, ou plutôt de crème.

Avec le Brie, la suprématie est acquise au GRUYÈRE, fromage cuit, dont la fabrication a lieu dans le canton de Fribourg en Suisse, et se trouve en entrepôt dans la petite ville de Gruyère. On dit qu'on en fabrique de méritant dans nos départements des Vosges, du Jura et de l'Ain. Nous ne dirons pas qu'il faut le choisir avec de grands ou de petits yeux; on en fabrique pour tous les goûts, suivant les pays auxquels il est destiné : plus ou moins gras, plus ou moins salé, avec grands ou petits yeux. Choisissez!

Un autre fromage dispute les assiettes de dessert aux vrais gourmets; c'est le ROQUEFORT, qui se fait autour du village de ce nom, dans le département de l'Aveyron. On le compose avec un mélange de lait de brebis et de lait de chèvre. Son excellente qualité est due à la disposition naturelle des caves

dans lesquelles on le dépose pour l'affinage,
et en partie à la méthode usitée pour traire
les brebis; on exprime le lait avec force en
pressant les mamelles, puis on les bat sans
ménagement avec le revers de la main jusqu'à ce qu'on n'obtienne plus rien. La brebis
ne reçoit pourtant aucun dommage de ce
mauvais traitement. Les caves sont creusées
dans des rochers où des crevasses donnent
un air froid très-vif.

Malgré l'énorme consommation qui se fait
de fromage de Roquefort, il a perdu beaucoup à sortir de ses caves, et l'on ne se fait
pas une idée de son mérite ailleurs que là.

Sassenage, à une lieue de Grenoble, est
l'entrepôt du fromage de ce nom qui se
fabrique dans les environs, dont la situation
est analogue à celle de Roquefort. Il se compose
de lait de vache, de brebis et de chèvre, et
ressemble beaucoup au roquefort quand il est
frais; mais il n'atteint pas sa puissante saveur lorsqu'il est vieux.

Sept-Montcel est un village situé dans les
montagnes du Jura. On y fabrique un fromage qui a du rapport avec celui de Hollande, mais ce rapport cesse quand il vieillit;
car il ressemble alors à s'y méprendre au
roquefort vieux. Cependant il est moins âcre
et son usage est plus agréable en été que
celui de Roquefort, que les épiciers accusent
alors d'être *habité*. Beaucoup de marchands le

vendent comme étant du roquefort, quoique son prix soit d'un grand tiers moindre. On le reconnaît à sa forme, qui est beaucoup plus large. Il est estimé et consommé en quantité à Lyon, où on le vend sous son vrai nom.

La HOLLANDE produit quatre sortes de fromages. On en exporte principalement deux ; le rond dit tête de Maure, et un autre plus gros et large. La pâte de ce dernier est plus grasse et salée, l'autre est plus fine. Quand, pour l'usage d'une famille, on s'est approvisionné d'un fromage tête de Maure, on a soin de ne l'entamer que par une ouverture à passer une cuillère, et que l'on rebouche ; on le retire par petits morcéaux au moyen d'une gouge. Quand il commence à être moins onctueux, on y fait couler une cuillerée d'excellent vin blanc, même du madère, ce qui le rajeunit et lui donne du moelleux.

Pour parler ici des fromages anglais, on ne trouve guère en France que le CHESTER (prononcez tchsteur) et le STILTON (stiltonne). Le chester doit être dégusté frais coupé de la masse, autrement il dessèche promptement, comme il arrive au gruyère. Aussi on ne peut pas souvent l'apprécier en France, où l'on n'en consomme guère. Le chester *pomme de pin* ou ananas est moins gras et se détériore peu, mais il est trop sec. Le stilton est un fromage de forme élevée et de vingt centimètres environ de diamètre ; il

perdrait beaucoup à être détaillé par morceaux. En Angleterre on le sert toujours
entier et on l'entame par le haut avec une
cuillère en gouge faite exprès; **on** le recouvre
comme nous avons dit du Hollande et on
l'arrose de même. Il est excellent et le dispute à nos meilleurs fromages. Il n'en est pas
ainsi du chester.

Tout le monde connaît le fromage dit
PARMESAN, qui se fabrique dans les pâturages
du Milanais : on le sert partout, en Italie, au
dessert. Napoléon l'aimait beaucoup, et on
en portait pour lui jusque sur les champs de
bataille. A la campagne on doit toujours en
avoir au garde-manger, où il se conserve
couvert d'un linge légèrement enduit de
bonne huile. Sa présence est indispensable
dans les *macaronis*.

A Naples, le peuple remplace le parmesan
par le CACIO CAVALLO, comme on remplace
le vin de Champagne par du cidre. Le célèbre
astronome de Lalande a fait à son sujet une
plaisante bévue en le prenant pour du fromage fait de lait de jument. Il est ainsi
appelé parce qu'il est séché comme à cheval
sur des bâtons.

Le STRACHINO (strakiino) de Milan est un
des plus délicieux fromages du monde, c'est
la crème des fromages. Mais qui peut se
flatter d'en trouver de bon et nouveau hors du
Milanais? Cependant nous en avons mangé à

Paris d'excellent. Le strachino, dit aussi GORGONZOLA, est un fromage de crème, mou et très-savoureux, que l'on peut comparer seulement à la première qualité de Brie, mais il offre une différence dans son *arome crémeux*. (La langue ne nous fournit pas le mot que nous voudrions).

Chaque pays a ses fromages, et nous n'avons pu parler de tous.

Il existe à Paris une maison où l'on reçoit chaque jour des voitures de fromages de tout pays, et où l'on peut jouir de leurs qualités en état de fraîcheur parfaite : c'est la maison Langlet, rue des Deux-Ecus, 36, bonne connaissance à faire pour les amateurs. — Que Dieu et notre préfet conservent la maison à sa place, pour éviter aux gastronomes friands de fromages de la chercher sur des ruines.

L'ANNÉE GASTRONOMIQUE ayant commencé avec OCTOBRE, elle doit être terminée, en conséquence, avec le mois de SEPTEMBRE, et notre tâche est remplie à cet égard.

Ce que nous avons rassemblé dans ce petit volume, sur les choses de l'art de bien vivre, nous le devons à une longue expérience, ainsi qu'à de nombreuses notes prises dans des lectures et dans nos voyages.

Heureux si nous avons réussi dans notre dessein de rendre un léger service aux dames de maison et aux amateurs, en leur fournissant une sorte de petit manuel qui aide journalièrement leur mémoire.

———

Toujours guidé par le désir d'être utile, nous allons ajouter un article que nous considérons comme le complément nécessaire de notre BRÉVIAIRE, en ce qu'il enseigne les propriétés nutritives et sanitaires des aliments dont on vient d'indiquer l'emploi.

En effet, la connaissance des PROPRIÉTÉS DES ÁLIMENTS est d'une si grande importance, et on trouve tant de personnes disposées à donner dans de graves erreurs, que l'on ne saurait trop chercher à répandre les connaissances positives.

On nous saura gré, nous l'espérons, de placer ici cet article, déjà inséré dans un autre ouvrage, que l'on n'a pas aussi commodément sous la main. Il est le fruit du savoir et de l'expérience de deux médecins éclairés en particulier sur cette matière.

PROPRIÉTÉS HYGIÉNIQUES

DES ALIMENTS.

e n'est pas ce que l'on mange « qui nourrit, mais ce que l'on di- « gère. » On peut juger par cet aphorisme de l'importante nécessité de connaître les qualités ou les défauts des aliments.

ALIMENTS COMPOSÉS PRINCIPALEMENT DE FÉCULE. — La fécule fait la base des graines céréales et se trouve aussi en abondance dans la pomme de terre, dans les fèves, pois, haricots, lentilles. A cette fécule se trouvent unies des *substances azotées** en proportions variables et qui constituent la propriété nourrissante de ces végétaux.

Dans la farine des céréales (blé, seigle,

---

* Les aliments qui contiennent une plus grande quantité d'*azote* sont les plus nourrissants.

orge), il existe de plus une substance beaucoup plus azotée, le GLUTEN, qui par beaucoup de ses propriétés correspond aux substances animales. C'est la matière nourrissante par excellence, et on l'appelle souvent *fibrine végétale*, parce que dans la chair des animaux c'est la *fibrine* qui est la partie la plus nourrissante. Plus une farine est riche en *gluten*, plus elle est nourrissante. Les pois, haricots, lentilles, maïs, en renferment, mais moins que le blé.

Quand on fait cuire des farineux, on les voit se gonfler beaucoup, et cet effet est dû à la fécule qui absorbe l'eau; de sorte que, si on les mange avant d'être bien cuits, le gonflement se produit dans l'estomac de manière à produire des vents. Mais cet effet ne provient que des matières mucilagineuses qui s'y trouvent unies : d'où résulte que le *blé* n'incommode pas sous ce rapport; tandis que le *haricot*, qui contient beaucoup de mucilage, incommode quantité de personnes. — Le *pain* le plus léger est celui qui est le plus fermenté, tel est le pain *mollet ;* mais il est moins nourrissant que celui de pâte ferme, car pour le même volume il y a moins de matière*. Le *pain de seigle*, moins nourris-

* Un pain sans levain serait lourd et indigeste. En introduisant le levain il se produit une fermentation comme dans le vin, où le marc dissous se transforme en alcool et en gaz acide carbonique. Ce gaz, dans

sant que celui de *froment*, parce que sa farine contient moins de *gluten*, est un peu relâchant. Le pain de *gruau* est plus riche en *gluten*. Si on emploie du gluten frais * au moment du pétrissage, on obtient ce qu'il y a de plus nourrissant. On s'en sert surtout pour les convalescents. La *mie* est plus nourrissante que la *croûte*, dont la partie féculente est desséchée au four. La soupe faite de croûte est donc plus légère et moins nourrissante. Le pain rassis est plus nourrissant et plus léger que le pain tendre, parce qu'il a perdu de son eau.

La *pomme de terre* contient le quart de son poids de fécule (l'eau compose les trois autres quarts), c'est un des aliments dont la digestion est plus facile et qui est préférable à tous les autres légumes; mais il faut qu'elle soit à son point de maturité et point germée.

La *fève* fraîche forme une nourriture douce et légère : mûre, elle est très-nourrissante; avec sa robe, elle a une qualité plus tonique et un peu échauffante. — On peut appli-

le pain, soulève la matière azotée et élastique qu'on appelle *gluten*; puis, quand on met au four, la chaleur tend à faire sortir ce gaz du pain. Il en résulte qu'il crève la masse et produit les creux de la mie : l'alcool s'évapore et la cuisson de la croûte s'opère.

* La farine se compose de gluten et de fécule. On les sépare par un lavage.

quer à la *lentille* ce qui a été dit de la fève, aussi sa purée se digère mieux que le grain entier. — Le *haricot* blanc cause plus de vents que le rouge, et celui-ci est plus échauffant. — Les *pois* secs sont moins venteux que les haricots.—Tous ces légumes sont plus nourrissants en maturité, c'est-à-dire secs que verts; mais les verts sont beaucoup plus légers à l'estomac.—La *châtaigne* est très-nourrissante, mais elle gonfle beaucoup dans l'estomac, parce qu'on ne la fait jamais cuire à son véritable point, qui est une bouillie bien cuite; alors elle devient un aliment léger et très-nourrissant. — Le *riz* est le grain qui contient le plus de fécule, il est léger et assez nourrissant cuit dans un liquide et complétement crevé. Il l'est cependant moins que l'*orge*, le *maïs*, le *sagou*, le *salep* et le *tapioca*, qui le sont moins que le blé. — Du reste, plus les farines sont riches en fécule, plus il est nécessaire de leur laisser prendre à la cuisson une quantité d'eau suffisante pour leur complet gonflement. Le *vermicelle*, la *semoule* et le *macaroni* participent des propriétés du blé.

ALIMENTS COMPOSÉS DE CHAIR. — La chair des animaux est formée spécialement par un assemblage de fibres musculaires rapprochées en faisceaux et enveloppées de tissu cellulaire. Elle renferme de la graisse et du sang, des débris de vaisseaux et des nerfs. Ces fibres musculaires sont constituées par de la *fibrine*, substance *azotée* qui est la partie la plus nourrissante de la chair. Quant au *tissu cellulaire*, il se transforme, par une ébullition prolongée dans l'eau, en *gélatine* ou *gelée*, substance très-peu nourrissante, malgré la croyance vulgaire.

Il faut, pour obtenir de bon bouillon, que l'ébullition soit douce et lente, afin que le bouillon puisse dissoudre la *fibrine* et s'en approprier les sucs, aux dépens, à la vérité, de la viande, qui a perdu beaucoup de ses propriétés nourrissantes et de sa saveur, « son *osmazôme*. » — La viande rôtie doit sa saveur si agréable à ce que la cuisson s'est effectuée avec son jus propre, sans mélange d'eau. Elle a toute son osmazôme, qui même s'est déposée en partie à sa surface et a occasionné la belle couleur que les cuisiniers appellent *glace*. — Dans les jeunes animaux (les veaux, les agneaux, les poulets, etc.), on trouve plus de tissu cellulaire; la chair n'est pas complétement organisée : le bouillon que l'on en ferait serait riche en gélatine, mais peu nourrissant. — C'est dans la chair du *bœuf* que réside l'aliment le plus nourrissant de tout ce qui sert à la nourriture de l'homme : ses chairs rôties, surtout lorsqu'elles sont peu cuites, excitent l'estomac, facilitent son action digestive et fournissent une si grande proportion d'éléments réparateurs, que le corps en est restauré plus promptement et plus complétement que par tout autre aliment, et qu'après leur digestion il est rendu très-peu d'excréments, condition qu'elles partagent avec les substances qui contiennent beaucoup de fécule. Mais, si elles donnent la vigueur, elles donnent aussi, si on en fait usage avec excès, une disposition aux inflammations, aux hémorrhagies, aux apoplexies, à la goutte et à toutes les indispositions qui proviennent d'une nourriture trop substantielle.

La *vache* bien engraissée a les mêmes qualités.

Le *mouton* contient moins de jus que le bœuf et sa chair est presque aussi nourrissante.

La chair de *porc* est lourde, mais elle nourrit beaucoup. La *charcuterie*, par ses assaisonnements excitants, en change la nature, la rend plus digestive, mais excitante et échauffante. Le *sanglier* est dans le même cas.

Le *chevreuil*, le *daim*, le *cerf* participent des qualités du mouton, mais leur chair est excitante et échauffante. Il en est de même du *lièvre*. On peut en dire autant, mais à un moindre degré pour l'excitation et l'échauffement, des *alouettes* et autres *petits oiseaux* sauvages, ainsi que des *bécasse, bécassine, caille, perdrix, faisan, pigeon, oie* et *canard* sauvage (le canard domestique est moins excitant, mais aussi moins nourrissant). Le *lapin* vieux est indigeste.

Lés *cœurs* et les *rognons* sont en général d'une pesante digestion.

Animaux a chair blanche et ferme. Les *écrevisses, homards, crabes, crevettes* ont une chair qui ne le cède qu'à celle des grands animaux pour être nutritive; mais elle est échauffante, surtout avec les assaisonnements qu'on lui prodigue, et est dangereuse pour les jeunes gens, dont elle exciterait les désirs. Le *thon*, l'*esturgeon*, la *morue*, le *maquereau*, le *saumon* et la *grosse truite* sont nourrissants, mais d'une digestion plus ou moins lourde; la *raie* et le *congre* sont les plus nourrissants, sans être lourds.

Animaux a chair blanche, tendre et grasse. Les plus gras sont les plus difficiles à digérer. Parmi les poissons dont la chair est lente à digérer, on citera l'*anguille*, la *lamproie*, la *tortue* et les *carpes* trop grasses. L'*alose*, quoique grasse, est de digestion facile. — Le *dindon*, quoique la chair en soit grasse, est bien préférable aux précédentes et contient beaucoup de matière nutritive. Le *lapereau*, le *perdreau*, le *poulet*, moins nourrissants, sont légers.

Les poissons dont la chair très-tendre et délicate se digère promptement sans peser sur l'estomac, surtout les jeunes, sont les *merlan*, *limande*, *perche*, *éperlan*, *goujon*, *rouget*, *carpe maigre*, *sole*, *turbot*, *carrelet*, *barbue*, *brochet*, *dorade*, *truite* de rivière, *lotte*. Le *hareng* l'est un peu moins, surtout salé et saur. Le *barbeau* est meilleur vieux, parce qu'il perd les mauvaises qualités qui le rendent d'une digestion pénible : il faut jeter ses œufs, qui sont très-indigestes, ainsi que ceux du brochet. La *brème* est visqueuse et la *tanche* dure.— Les poissons des eaux vives sont plus légers que ceux des eaux stagnantes. En général la chair des poissons forme une nourriture relâchante, quoique nourrissante.

Animaux a chair gélatineuse. J'ai déjà dit que leur chair est moins nourrissante que celle des animaux faits, tels, par exemple, le veau relativement au bœuf; la digestion en est plus difficile : on citera d'abord les *pieds*, *oreilles*, *têtes*, *jarrets*, *palais*, etc., puis le *cochon de lait*, le *chevreau* et l'*agneau*, la *grenouille*, le *limaçon* ou *escargot*, qui sont plus ou moins digestibles.

Aliments qui ne contiennent ni chair musculaire ni fécule. Le *sang* (le *boudin*) est nutritif, mais indigeste. Les *foies*, surtout les foies gras, sont tous indigestes; celui de veau est préférable. On en dira autant des *cervelles*, *ris*, *fraises*, *tripes*, *gras-double*, *mou de veau*. — Les *huîtres* donnent beaucoup de nourriture sans fatiguer l'estomac, leur eau en accélère la digestion; l'eau-de-vie et le lait en entravent la digestion, au lieu de les dissoudre. De mai en septembre elles sont molles et fades. Les huîtres cuites ou marinées sont difficiles à digérer. Il en est de même de la *moule* sous *tous* les rapports.

Œufs. Le blanc, mangé cru et refroidi, pèse sur l'estomac; battu, il est plus digestif; cuit en lait, il se digère aisément; à l'état *dur* il est peu nourrissant et d'une digestion longue et difficile. Le jaune nourrit bien, est d'une facile digestion, et mélangé avec le blanc, aide à la digestion; surtout à l'état de demi-cuisson, qui est le meilleur. En général l'œuf est échauffant, surtout quand il est vieux. Les œufs de poisson participent du jaune d'œuf d'oiseau. Ceux qui, à la cuisson, restent visqueux et transparents, sont purgatifs et dangereux.

Le LAIT se digère facilement et promptement, mais il affaiblit l'estomac et les intestins; c'est un mauvais aliment pour ceux à qui il produit cet effet, mais les aromates, le sucre et surtout le café facilitent sa digestion. Le *fromage* blanc se digère bien. Les fromages salés sont digestifs et très-nourrissants, surtout le gruyère, qui nourrit plus que la viande de bœuf. Le brie nourrit presque autant que le bœuf. Le *beurre* frais est d'une digestion très-facile, il est plus nourrissant que la graisse et l'huile. Rance ou trop cuit, il devient excitant; fondu, il n'est pas aussi bienfaisant que le frais, et le salé lui est préférable. Ajouté aux aliments, il les rend plus nourrissants et plus digestifs.

CHAMPIGNONS. TRUFFES. Les champignons, que Néron appelait un mets des dieux, parce qu'ils avaient empoisonné les empereurs Tibère et Claude, dont il avait fait faire l'apothéose, et qui, depuis, ont causé la mort du pape Clément VII, du roi Charles VI, de la veuve du czar Alexis et de bien d'autres, sont toujours un aliment lourd et indigeste, même lorsqu'ils sont bien choisis et venus sur couche. La digestion en est lente, et ils fournissent assez peu de matière vraiment nourrissante. Il faut par conséquent éviter d'en manger beaucoup à la fois, et le mieux est de les reléguer, comme on le fait le plus souvent, parmi les assaisonnements. On a remarqué que les champignons sont moins indigestes quand on les prend récents et qu'on les a fait mûrir dans de l'eau acidulée avec du vinaigre ou du suc de citron.

Les truffes, qui ne sont pas moins difficiles à digérer, sont plus nourrissantes, parce qu'elles contiennent une quantité notable de fécule. Elles renferment aussi un principe plus excitant, ce qui a fait croire qu'elles étaient aphrodisiaques ou rendaient amoureux. Mais cette opinion ne paraît fondée que parce qu'étant toujours d'un prix assez élevé, elles ne sont mangées ordinairement que dans des repas où se trouvent déjà d'autres aliments excitants et fort assaisonnés.

Nous ferons, au surplus, la recommandation, comme pour les champignons, de n'en pas manger beaucoup à la fois, bien qu'elles ne puissent produire que des indigestions, et qu'elles n'aient jamais d'effets vénéneux.

LÉGUMES rafraîchissants et peu nourrissants : *pourpier, poirée, arroche, épinard, laitue, romaine.* — Plus nourrissants : *chicorée, cardon, salsifis, topinambour ;* l'*asperge,* aliment très-doux, a sur les reins une action qui produit une mauvaise odeur, mais elle n'est pas nuisible aux organes urinaires ; l'*oseille,* très-rafraîchissante, est nuisible aux personnes atteintes de gravelle, et l'on peut en dire autant de tous les acides ; la *tomate* est rafraîchissante et acide ; l'*artichaut* est doux et n'a rien d'échauffant ; la *betterave,* quoique très-sucrée, n'est pas nourrissante comme on pourrait le croire ; le *melon* ne serait fiévreux qu'autant qu'on en ferait excès. Le *potiron* est nourrissant quand il est compacte et farineux ; le *navet* nourrit peu et gêne par ses propriétés venteuses. La *carotte* n'est pas aussi digestive qu'on le croit, le *panais* nourrit plus qu'elle. Le *céleri* est excitant, échauffant, d'une digestion difficile cru, bien plus facile cuit. L'*ognon* cru est très-stimulant, agit à la manière de l'ail et de la moutarde, et réveille l'action des organes engourdis : il faut ne le manger que cuit, à cause de sa propriété excitante et échauffante ; le *poireau* est beaucoup plus doux et même émollient. Le *chou* cru contient une matière âcre et indigeste, aussi lui faut-il une cuisson complète de trois à cinq heures, suivant son espèce : ses propriétés venteuses diminuent quand on l'assaisonne au gras, mais il en devient plus indigeste ; ses feuilles vertes surtout sont nuisibles. Le *chou-fleur*, plus doux, participe cependant des mêmes mauvaises propriétés, surtout dans ses grosses côtes. Dans la *choucroute* le sel et l'acide qui s'est formé en font un aliment moins indigeste. Le *cresson* est loin d'être rafraîchissant, il contient du soufre, et il est excitant et échauffant si l'on en mange beaucoup, il se digère assez bien ; le *radis* et les *raves* ont les mêmes propriétés quand ils ne sont pas très-tendres et jeunes, le *raifort* et le *radis noir* sont très-excitants.

Les *salades* ont les propriétés douces ou excitantes des substances dont elles sont composées, mais leur état de crudité fait qu'elles ne sont pas d'une digestion aussi facile.

Les FRUITS contiennent tous du mucilage, une gelée et du sucre : c'est par ces trois substances qu'ils sont nourrissants. Ils renferment aussi des acides qui les rendent rafraîchissants. Ils commencent tous par être acerbes, ils deviennent acides et enfin sucrés et nourrissants. La cuisson influe sur leurs qualités; elle fait perdre une partie de leur insalubrité aux fruits verts, elle rend les autres plus digestifs et plus nourrissants. Le sucre rend les fruits crus plus faciles à digérer, surtout si on y ajoute des aromates et du vin.

L'*ananas*, fruit de l'Amérique, de l'Afrique et des Indes, se trouve sur beaucoup de tables, tant par les serres des particuliers que par les envois de conserves en boîte. Avant sa maturité son fruit est un peu caustique et dangereux. Il « rafraîchit et humecte la poitrine », dit le docteur Mérat.

Les fruits huileux, tels que les *noix, noisettes, amandes*, sont nourrissants, mais indigestes si on n'en fait pas usage mêlés à d'autres aliments, particulièrement quand ils sont vieux, car ils le sont beaucoup moins étant jeunes et à l'état de cerneaux.

Le *cacao* dont on fait le *chocolat*, au moyen du sucre et de la vanille que l'on y joint, devient un aliment doux, très-fortifiant et d'une digestion facile, mais excitant et échauffant pour quelques personnes. L'addition de *vanille* le rend encore plus échauffant.

Le *café* joue un grand rôle dans l'alimentation; tout différent des boissons fortement alcooliques (dit le célèbre chimiste M. Payen) et si éloigné de l'effet des vapeurs narcotiques qui enivrent et engourdissent les sens, le café procure, par son parfum exquis, les plus agréables sensations, tout en excitant les facultés de l'intelligence, au lieu de les assoupir.

Un des effets les plus remarquables du café est de soutenir les forces des hommes soumis à de rudes travaux ou à de fatigants voyages, tout en permettant de réduire d'un quart à un tiers la quantité de leurs aliments.

La différence d'effets est grande, selon les individus, relativement à la quantité dont il faut faire usage : deux cuillerées agissent sur l'un avec autant de force que deux tasses sur d'autres. Bien entendu qu'il est question ici de café pur et non de celui qui est falsifié ou mélangé de chicorée.

Le Moka a plus de force et de parfum; il est en grains inégaux, d'un gris jaunâtre. On le mélange souvent avec le Bourbon, de même couleur, mais assez régulier de grosseur. Le Martinique a de la force et convient avec le lait.

ASSAISONNEMENTS doux. *L'huile* est un peu plus nourrissante que les légumes dont nous venons de parler : la meilleure est celle d'olive, faite à froid et point vieille ; les autres sont plus sujettes à rancir et à peser sur l'estomac. Prise en quantité, elle deviendrait un purgatif, et elle affaiblirait les organes si elle n'était toujours accompagnée d'assaisonne-

ments excitants, tels que poivre, sel, vinaigre. — Le *sucre*, pris en petite quantité,
facilite la digestion, et l'eau sucrée est le
meilleur moyen de débarrasser l'estomac des
aliments qui y séjournent trop longtemps. Il
n'est échauffant que quand on en use avec
excès ou qu'il est altéré par une forte cuisson,
ou encore s'il est uni à des substances excitantes, comme dans les bonbons; il est très-
nourrissant, sans fatiguer en rien les organes.
— Le *miel* ne peut servir à la nourriture
autant que le sucre, parce que, pris seul à la
dose de quelques onces seulement, il devient
purgatif; il produit des vents et ne se digère
pas toujours bien.

Assaisonnements *excitants*. Le *sel*, pris en
petite proportion, excite utilement la digestion, mais à haute dose il produit une grande
irritation. Les *salaisons* sont insalubres, parce
que le sel durcit le tissu des chairs, et même
dessalées, elles sont plus sèches et plus difficiles à digérer. Le *vinaigre* pur irrite l'estomac; étendu d'eau, il forme une boisson
rafraîchissante: en petite quantité dans les
aliments il facilite la digestion. Mais les *cornichons* et autres végétaux confits au vinaigre
sont aussi nuisibles à l'estomac que le vinaigre pur. Il fait maigrir, mais c'est aux
dépens des organes. La *moutarde* est un excitant très-fort, mais prise en petite quantité
elle aide à la digestion. Le *poivre* produit des

effets semblables. Le *poivre long* ou *piment*, le *gingembre*, la *muscade*, les *clous de girofle*, les *épices*, etc., ont des effets analogues. La *cannelle*, le *laurier*, le *thym*, la *sarriette*, l'*anis*, la *coriandre*, etc., sont seulement aromatiques, et s'ils échauffent, ils n'irritent pas autant. L'*ail* cru est aussi excitant que la moutarde, mais cuit, et surtout dans un liquide, il perd la plus grande partie de sa force et aide alors à la digestion. La *ciboule*, l'*échalotte*, l'*ognon* ne diffèrent de l'ail que par une action moins énergique. La *civette* et la *rocambole* sont encore plus faibles. Enfin, le *persil*, le *cerfeuil*, la *pimprenelle*, l'*estragon*, la *passe-pierre*, etc., ne sont que des aromates qui ne sont pas dangereux.

En général, les assaisonnements nourrissent très-peu, mais ils peuvent être utiles de trois manières : 1° en ajoutant des saveurs aux aliments; par là ils excitent l'appétit, et comme la digestion d'une substance qui plaît et flatte le goût est plus aisée, toutes choses égales, déjà sous ce rapport ils facilitent la digestion; 2° ils modifient les qualités des aliments; c'est ainsi qu'en faisant séjourner les viandes dans le vinaigre, l'huile, le beurre, on les attendrit pour les rendre plus susceptibles d'être attaquées par les organes digestifs; 3° enfin l'excitation qu'ils déterminent dans ces derniers donne plus d'activité à la digestion, mais on n'en peut tirer avantage qu'autant qu'on les emploie à petite dose, qu'ils ne sont pas trop forts et qu'on en use modérément, car ils n'excitent qu'un appétit factice dont la répétition fatigue.

PATISSERIES. Leur pâte n'étant pas levée comme celle du pain et n'étant pas cuite avec autant d'eau, elle reste difficile à dissoudre dans l'estomac; la *brioche* et surtout le *baba* et le *savarin*, ayant de la levûre, sont moins lourds. Le *biscuit* se digère mieux, parce qu'il contient plus de sucre et que sa pâte s'est levée naturellement. Les *nougats* sont très-indigestes; et le *pain d'épice* n'est pas sans inconvénient sous ce rapport, comme sous celui de purger. Tout le monde sait combien pèsent la *croûte de pâté*, les *galettes*, les divers *flans*. Les *pâtes feuilletées* ne sont moins lourdes en apparence que parce qu'on n'en mange pas autant à la fois.

PRÉPARATION DES ALIMENTS. Dans ce qui précède, on a parlé, autant que l'espace pouvait le permettre, des avantages ou des inconvénients des aliments rôtis ou bouillis : il reste à dire quelques mots sur d'autres préparations. — L'*étuvée* ou étouffée, qui consiste à faire cuire les viandes dans leur jus, leur laisse tous leurs sucs et les attendrit, ce qui en fait tirer le meilleur parti possible et les rend très-saines quand on n'a pas forcé les assaisonnements. L'étuvée au vin est toujours accompagnée d'assaisonnements forts qui en font un aliment excitant et échauffant. — La *friture*, qui exige que la graisse soit portée à un point élevé de chaleur et de cuisson, est indigeste pour les estomacs peu vigoureux, d'autant qu'il s'y joint souvent une épaisseur de pâte qui absorbe plus de cette graisse qui est dénaturée par des cuissons répétées. La friture la moins malsaine est celle des objets qui ne sont que farinés. Les *roux* ont l'inconvénient de la graisse, du beurre ou de l'huile chauffés fortement avec de la farine; deux choses peu convenables aux estomacs faibles ou irritables.

La cuisson des légumes dans l'eau en rend la digestion plus facile.

On terminera cet article en recommandant de manger lentement, si on veut faire une bonne digestion, et de ne jamais manger avant que la digestion du repas précédent soit terminée.

Boissons. Si l'homme ne buvait qu'autant que l'exige le travail de la digestion, s'il se bornait à l'usage des boissons délayantes et de quelques boissons légèrement stimulantes rendues nécessaires par la nature des aliments, jamais les liquides qu'il introduit dans son estomac ne seraient une cause de maladie. Cependant les boissons aqueuses trop abondantes rendent les digestions lentes et pénibles, et provoquent des évacuations inutiles. Les boissons stimulantes, irritantes, maintiennent les organes dans un état habituel d'irritation. Cependant elles sont utiles dans les froids et dans les chaleurs excessives, afin de rétablir l'équilibre de l'action vitale. Les boissons sont dans tous les cas d'un meilleur usage prises en petite quantité à la fois, parce qu'il est nécessaire que la salive, substance éminemment nutritive, s'y joigne en suffisante quantité, et il en est de cela en santé comme en état de maladie.

Les *eaux* de rivière et de pluie sont les plus légères et les plus saines. Celle des puits est chargée de plâtre et de chaux, et lourde à la digestion. Le *thé* que l'on y joint en infusion la rend, par son principe amer, propre à exciter l'action de l'estomac ; jointe au *tilleul*, elle agit de même, mais plus faiblement et plutôt comme calmant.

Les *vins* ont un effet plus ou moins excitant qui dépend du plus ou moins d'alcool ou esprit-de-vin qu'ils contiennent. Les vins faibles d'alcool, imparfaitement fermentés et chargés d'acide, désaltèrent bien, mais stimulent peu. Ceux qui sont plus forts font l'effet contraire, mais, s'ils causent plus facilement l'ivresse, ils n'amènent pas de coliques. Ils conviennent mieux à la santé pris modérément ; ils sont toniques et fortifiants. Il est toujours préférable de ne faire usage que d'une seule espèce dans un repas, surtout quand ils offrent trop de différence entre eux.

La *bière* est plus ou moins nourrissante selon sa force, et elle contient, quand c'est une bière forte, une petite quantité d'alcool; la petite bière nourrit aussi, elle est rafraîchissante, mais elle est énervante, et toutes produisent un effet fâcheux sur les voies urinaires pour peu que l'on en fasse un assez grand usage.

Le *cidre* et le *poiré* contiennent des acides; ils désaltèrent bien, mais nourrissent moins que la bière; le poiré agace les nerfs.

Les *liqueurs alcooliques*, *eau-de-vie*, *rhum*, etc., émoussent la sensibilité des organes, altèrent leur constitution et produisent l'hydropisie et autres maux terribles : l'ivresse qu'elles occasionnent est très-dangereuse. Prises à petites doses, et surtout mélangées avec de l'eau, elles sont toniques, favorables à la digestion, et produisent une partie des effets du vin.

Les *liqueurs* et *ratafias* sont légèrement nourrissants en raison du sucre qu'ils contiennent, et les aromates qu'on y joint leur donnent des propriétés particulières, selon leurs différentes natures. En général, ils sont tous échauffants et plus ou moins irritants, selon le plus ou moins de force alcoolique qu'on leur a donnée.

Nous ajouterons à tous ces renseignements qu'il faut se méfier de beaucoup de sortes d'aliments que l'on voit figurer dans les journaux sous les noms de *Racahout*, *Pâtes nutritives*, d'*Ervalenta*, de *Révalenta* et bien d'autres. Si on lit le précieux *Traité des substances alimentaires* de M. Payen, on se persuadera facilement, comme lui, que, si on en fait un usage trop exclusif, au lieu de hâter dans une convalescence le retour à la santé, on serait conduit à prolonger la faiblesse. La plupart de ces compositions ont pour base tout simplement la fécule de pommes de terre, beaucoup moins nutritive que le blé.

GATEAU QUILLET.

Un célèbre pâtissier de la rue de Buci, du nom de Quillet, est l'inventeur de ce gâteau, dont la renommée a fait surgir de nombreuses imitations sous les noms de *gâteau sénateur* et autres. Présentement on en trouve chez beaucoup de pâtissiers, sans que la recette en ait jamais été publiée.

Il se compose d'une *pâte* ayant beaucoup de rapports avec celle de la génoise, et d'une *crème*, laquelle est la partie caractéristique de cette intéressante création.

Pate. Cassez 8 œufs dans un bassin à biscuits et les fouettez avec 500 grammes de sucre en poudre sur un feu extrêmement doux jusqu'à former une pâte à biscuit bien travaillée ; ajoutez 400 grammes de farine première qualité, 200 grammes de beurre, fondu à l'instant, de manière qu'il puisse se mêler à la pâte ; ajoutez du zeste râpé fin de citron ou d'orange, et mêle   e tout très-légèrement. Faites cuire au four modéré comme une génoise épaisse de 5 à 6 centimètres au plus.

Crème Quillet. Il faut, pour la produire, composer un sirop comme suit : Emondez et pilez très-fin 125 grammes de pistaches, en y introduisant à mesure jusqu'à un demi-litre d'eau ; passer cette pâte dans un linge solide et en pétrissant pour en extraire la partie liquide, à laquelle vous ajoutez 400 grammes de sucre en poudre, en continuant de piler et broyer.

Mettez 8 jaunes d'œuf dans la bassine et y mêlez peu à peu le sirop, en remuant sur un feu doux, jusqu'à ce qu'il donne un bouillon. Retirez du feu, versez dans une terrine, et fouettez avec le fouet à blanc d'œufs jusqu'à ce qu'il soit froid. Ajoutez alors du curaçao, de l'anisette, du kirsch et de l'eau de fleurs d'oranger, un petit verre à liqueur de chacun. Travaillez (*pétrissez*) 500 grammes de beurre et le mêlez en travaillant de même avec le fouet jusqu'à ce que le tout soit bien mêlé et forme une pâte très-lisse.

L'abaisse de pâte génoise étant cuite et refroidie, coupez-la en deux de manière à en faire deux abaisses. Garnissez celle de dessous de la crème Quillet à un centimètre d'épaisseur, couvrez-la de l'autre partie. Masquez le dessus entièrement de crème que vous saupoudrez de sucre *à grêler* (en petits grains). Faites ensuite sur ce dessus des dessins que vous formez avec la crème versée dans un cornet de papier percé par la pointe. Autrement, décorez avec la pointe du couteau, en figurant des petits cônes ou des fleurs.

QUILLET AU CAFÉ. Au lieu de composer *le sirop* avec de la pistache, du sucre et de l'eau, on peut substituer à la pistache d'excellent café, ou autre arôme à volonté.

LE POULET MALAKOF.

A l'article des MENUS, nous avons témoigné notre regret de voir tant de confusion dans la nomenclature des richesses gastronomiques qui figurent sur nos tables. Voici la manière dont ces noms ont été créés et mis au monde. Une aimable gastronome, qui fait avec grâce les honneurs du château de Chep***, madame Eugène F***, nous a raconté comment elle a inventé, sans y penser, le Poulet Malakof.

Une entrée de perdreaux devait figurer sur la table avec une sauce rouge (tomate), elle désirait une autre entrée de couleur différente pour correspondre et contraster avec celle-ci. Un beau poulet, cuit au blanc, étant prêt, elle commanda à l'habile chef de sa cuisine une *sauce verte*. Cette sauce fut servie et figurait très-bien sur la table; mais madame F***, au moment de la faire passer aux convives, ne sachant pas le nom spécifique de la sauce, imagina de baptiser son entrée du nom de Malakof, dont la prise glorieuse était la nouvelle du jour. Le poulet cuit au blanc, avec sa sauce ravigote verte, était un chef-d'œuvre de l'art, dont tous les convives ont voulu emporter la recette, et dont est résulté, dans le monde, la réputation du POULET MALAKOF, ci-devant *Poulet ravigote.*

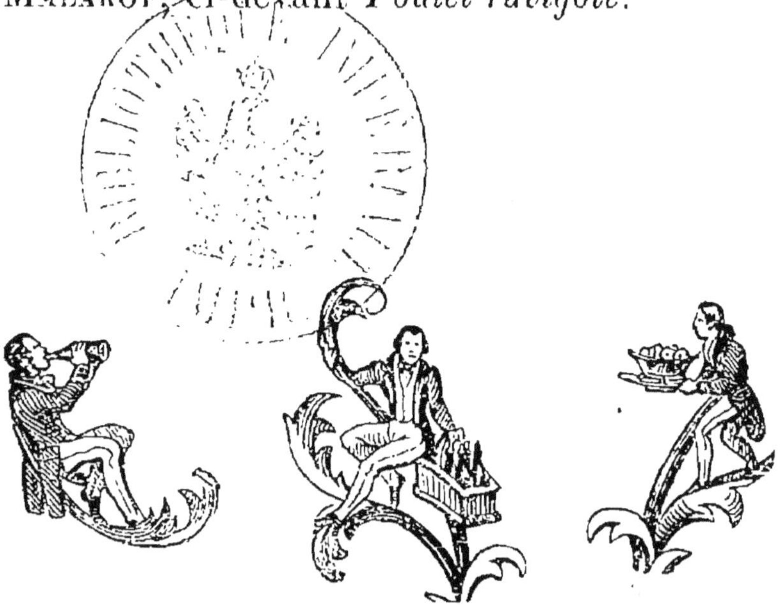

APHORISMES

GASTRONOMIQUES.

Nous avons cru être agréable à nos lecteurs en réunissant ici ce mélange de Pensées de différents hommes qui ont marqué autour des tables du XVIIIe et du XIXe siècle.

Les animaux se repaissent, l'homme mange, l'homme d'esprit seul sait manger.

Le Créateur, en obligeant l'homme à manger pour vivre, l'y invite par l'appétit et l'en récompense par le plaisir.

La gastronomie est un acte de notre jugement par lequel nous accordons la préférence aux choses qui sont agréables au goût sur celles qui n'ont pas cette qualité.

Le plaisir de la table est de tous les âges, de toutes les conditions, de tous les pays et de tous les jours ; il peut s'associer à tous les autres plaisirs, et reste le dernier pour nous consoler de leur perte.

La gastronomie est une science plus utile à l'humanité que l'astronomie.

La découverte d'un mets nouveau fait plus pour le bonheur du genre humain que la découverte d'une belle étoile.

La France est la mère patrie des amphitryons ; sa cuisine et ses vins font le triomphe de la gastronomie. C'est le seul pays du monde pour la bonne chère. Les étrangers ont la conviction de ces vérités. Depuis deux siècles, la cuisine française fait le tour du monde, et l'art culinaire sert d'escorte à la diplomatie.

Heureux l'amphitryon qui possède un cuisinier digne de ce nom ! Il doit le traiter moins en serviteur qu'en ami, lui donner toute sa confiance, le soutenir contre les désagréments de son état, le citer en toute occasion, et ne rien épargner pour sa gloire comme pour sa fortune.

La qualité la plus indispensable du cuisinier est l'exactitude : elle doit être aussi celle du convié.

Attendre trop longtemps un convive retardataire est un manque d'égards pour tous ceux qui sont présents.

Le convive qui fait attendre l'amphitryon mérite de trouver la porte de la salle à manger fermée.

Celui qui reçoit ses amis et ne donne aucun soin personnel au repas qui leur est préparé n'est pas digne d'avoir des amis.

La plus grande peine que l'on puisse faire à un gastronome, c'est de l'interrompre dans l'exercice de ses mâchoires. C'est donc manquer d'usage et de savoir-vivre que de rendre visite à des gens qui mangent. C'est troubler leurs jouissances, les empêcher de raisonner leurs morceaux, et leur causer des distractions fâcheuses.

Il n'est guère moins impoli d'arriver comme convive à un dîner commencé. Lorsque les gens sont à table, les convives survenants doivent s'abstenir d'entrer, dussent-ils jeûner tout le reste du jour en punition de leur inexactitude.

La principale étude d'un maître de maison à table doit être l'assiette de chacun des convives, et son premier devoir de la tenir toujours garnie.

Toutes les cérémonies, lorsqu'on est à table, vont toujours au détriment du diner. Le grand point c'est de manger chaud, proprement, longtemps et beaucoup.

Des convives mal placés à table perdent leur valeur, comme des zéros qui, rangés côte à côte, ne seraient pas précédés d'un chiffre.

On ne vieillit point à table.

L'ordre pour faire usage des comestibles est des plus substantiels aux plus légers.

L'ordre des boissons est des plus tempérées aux plus fumeuses et aux plus parfumées.

Prétendre qu'il ne faut pas changer de vins est une hérésie : la langue se sature, et, après le troisième verre, le meilleur vin n'éveille plus qu'une sensation obtuse.

Mais ceux qui s'indigèrent ou qui s'enivrent ne savent ni boire ni manger.

La maîtresse de la maison doit toujours s'assurer que le café est excellent, et le maître que le vin et les liqueurs sont de premier choix.

En proposant les vins, on aura soin de faire précéder du mot vin le nom du terroir.

Ce serait s'exprimer d'une manière incongrue que d'offrir : du champagne, du bourgogne, du bordeaux, du madère. On doit annoncer du vin de Champagne, du vin de Bourgogne, etc. De même que l'on ne doit jamais dire du bouilli pour du bœuf, ni de la volaille lorsqu'on propose des pièces de basse-cour. Il faut en déterminer l'espèce, et offrir du chapon, du poulet, de la poularde, etc.

Les dames brillent surtout dans leur manière de servir le dessert. Aussi est-ce un moyen de leur faire déployer la délicatesse de leurs doigts et leur dextérité, et d'en faire remarquer la blancheur ; on s'adresse volontiers à elles à ce service. Aux entrées, au rôti et à l'entremets ce serait souvent une indiscrétion.

On ne doit jamais parler politique à table. C'est, en effet, prendre mal son temps pour gouverner l'État que choisir le moment de la journée où l'on est le moins capable de se gouverner soi-même.

Un repas est insipide s'il n'est assaisonné d'un grain de folie.

L'amphitryon ne doit jamais oublier ces paroles d'un grand maître : « Quelque recherchée que soit la bonne chère, quelque somptueux que soient les accessoires, il n'y a pas de plaisir de table si le vin est mauvais, si les convives ont été invités sans choix, si les physionomies sont tristes et le repas consommé avec précipitation. »

De bons mets sans bon vin, c'est une belle femme sans esprit.

Voulez-vous avoir des amis? Ayez une table à rallonges.

Un dessert sans fromage est comme une belle à qui il manque un œil.

« On devient cuisinier, mais on naît rôtisseur. »

Cet axiome de Brillat-Savarin est généralement connu parce que son ouvrage est entre les mains de tout le monde. Mais le contre-axiome de M. Plumerey, continuateur de Carême, est perdu dans une collection très-chère, et par ce fait peu répandue. Cet habile cuisinier dit, en réfutant Savarin :

« Un Parfait Rôtisseur est un homme qui » n'a appris son état que par de longues mé- » ditations, fruits de l'expérience. »

Où l'auteur de la *Physiologie du goût* ne suppose qu'un instinct peu vraisemblable, un artiste culinaire éc'airé par une grande pratique met à la place l'étude et le raisonnement; les gastronomes jugeront.

TABLE DES MATIÈRES.

PARTIE D'AUTOMNE.

Pages.

PARTIE D'HIVER.

PARTIE D'ÉTÉ.

FIN DE LA TABLE.

LA CUISINIÈRE
DE LA CAMPAGNE ET DE LA VILLE

Contenant : Table des mets selon l'ordre du service. Ustensiles, instruments et procédés nouveaux, avec figures. — Service de la table par les domestiques, avec figures. — Manière de servir et de découper à table, avec figures. — Cuisines Française, Anglaise, Allemande, Flamande, Polonaise, Russe, Espagnole, Provençale, Languedocienne, Italienne et Gothique, au nombre de 1,500 recettes d'une exécution simple et facile. — Divers moyens de recettes d'économie domestique, de conservation des viandes, poissons, légumes, fruits, œufs, etc., etc. — Article détaillé sur la pâtisserie, avec figures. — Moyen facile de faire les glaces. — Des caves, des vins et des soins qu'ils exigent. — Propriétés sanitaires et digestives des aliments. — Table des mets par ordre alphabétique. — Par M. L. E. AUDOT.

Avec 300 figures. Prix : 3 fr. cartonné et 4 fr. *franco*, envoyés en timbres-poste à 20 centimes.

La 1ʳᵉ édition a paru en 1818, et la 44ᵉ vient de paraître, chacune mise au courant du progrès annuel.

On a ajouté aux nouvelles éditions :

Un nombre considérable de bonnes recettes, même les plus nouvelles;

Un article sur l'art de fabriquer toutes sortes de liqueurs superfines sans distillation et à très-bon marché;

Le chapitre de la pâtisserie a été refait et complété de manière qu'il ne manque aucun détail pour bien réussir.

Même perfectionnement a été apporté à l'article des Conserves, méthode Appert mise au courant du progrès.

On devra être attentif aux imitations plus ou moins mauvaises de notre CUISINIÈRE que son immense succès a fait naître. — Le nom de l'éditeur et les 300 FIGURES, dont 2 *coloriées*, seront des signes de reconnaissance.

Paris. Typographie de Henri Plon, rue Garancière